マザー・テレサ

あふれる愛

沖　守弘／文・写真

講談社 青い鳥文庫

本書は、『マザー・テレサ　あふれる愛』（一九八一年　講談社刊）の
文章を加筆修正し、写真を再構成したものです。
各章とびらの引用は、
『マザー・テレサのことば』（半田基子訳　一九七六年　女子パウロ会刊）から
転載いたしました。

目次

プロローグ

一九七九年十二月十日、マザー・テレサはノルウェーのオスロ大学でひらかれたノーベル賞授賞式に臨んだ。キャンパスをいろどる樹々は北国の寒気に凍てつき、色をうしなっていたが、数百人のカトリック信者たちの持つ灯火は、オスロの夜をあかあかと照らしていた。

トレードマークの白地に青いふちどりのついたインディアン・サリーにセーターというふだん着姿のマザー・テレサは、ノルウェー国王、皇太子が列席するなかで、ノーベル平和賞の金メダルと賞状、それに賞金十九万二千ドル（当時の金額で約四千四百万円）を授与された。

授賞式のあと、報道陣にかこまれたマザーは、いつものようにやさしい微笑みをうかべながら心境を述べた。

「わたしはみなさんが考えておられるようなノーベル平和賞の受賞者にはあたいしません。でも、だれからも見捨てられ、愛に飢え、死に瀕している世界のもっとも貧しい人びとにかわって賞をうけました。わたしには、受賞の晩さん会は不要です。どうか、その費用を貧しい人たちのためにおつかいください。わたしにあたえられるのは祈りの場だけでしかないのですから……。」

そう、マザー・テレサにとっては、ノーベル平和賞などは実際どうでもよかったのだ。

マザーは、社会福祉家でもなければ聖人でもない。自分は〈神の愛の宣教者たち〉の一員にすぎないと、心からそう思っているのだ。

マザーは、インドに帰ってからも、歓迎ぜめにあった。マスコミをはじめ、上流階級や政治家や、マザーと知りあいであることをステータス・シンボルにしようと思っている人びとが、マザーをたずね、あるいは招待した。

ひとつのエピソードを紹介しておこう。

インドの上流階級に属する人びとが、マザー・テレサの受賞をたたえるパーティを開き、彼女を招いた。もちろん、テーブルにはすばらしいごちそうがならんでいる。

不必要なぜいたくが大きらいなマザーは、思わずいった。

「わたしは、たいへん申し訳ありませんが、今日は断食の日なのです。」

出席者たちはあわてた。マザーが手をつけないことには会食ははじまらない。主催者も出席者も困りはてた顔をしている。それをみて、またマザーが発言した。

「それでは、このごちそうを貧しい人たちにあげることにしたらどうでしょう。」

マザー・テレサは、そのまま、さっさと帰ってしまった。

ぼくは、マザーの断食の話は、どうもウソのような気がしてならない。マザーは、貧しい人びとのことも考えず、マザーのことも知らないまま、豪華なパーティをやろうとする上流階級の人びとの意識が腹立たしくなって、思わず断食だといい、料理は貧しい人にわけてやれ、といって帰ってしまったのではないだろうか。

いや、まてよ、とぼくはまた想像する。あれは、ごちそうをまえにしたとたんにパッとひらめいた、マザーお得意のウィットだったのかもしれないな。そして帰る途中、マザーは、してやったりと、例のいたずらっぽい笑いを顔にうかべていたのかもしれない。

というのも、マザーはいつもいっているではないか。

「わたしの白いサリーは、貧しい人のなかで、わたしも貧しい人のひとりだというしるし。わたしの身なりも生活も、病に倒れた人や、骨ばかりの子どもとひとつになるための糧。そして、不親切で冷淡でありながら奇跡をおこなうよりは、むしろ親切と慈しみのうちにまちがうほうを選びたい。」——と。

①

②

①愛弟子のシスター・アグネス（右）と街をいくマザー。
②祈るマザー。

③

④

③④マザーに合掌する行きずりの市民。恩恵をほどこされたりしなくても、このようにマザーに手を合わせる人は多い。
⑤すべてを受けとめるマザーのほほえみ。

⑤

⑥

⑦

⑥早朝の路上。マザーがコルカタの街にでると、かならずこのように、苦しみを訴えかけてくる母親のひとりふたりにつかまる。そのたびにマザーは耳をかたむけ、即座に適切な処置をとる。その決断のあざやかさは、みごとというしかなかった。
⑦いつも最後列でミサに参加するマザー。

⑧ロザリオを手に。

第一章　プア・イズ・ビューティフル

貧しい人にふれるとき、わたしたちは、実際にキリストのお身体にふれているのです。わたしたちが、食べ物をあげるのは、着物を着せるのは、住まいをあげるのは、飢えて、はだかの、そして家なしのキリストに、なのです。

『マザー・テレサのことば』より

わたしは自分にできるわずかのことを選んだだけ

「オキ、わたしはこれから施設の巡回にいくのだけれど、いっしょにきませんか？」
修道会の中庭、さわやかなコルカタ（インドの西ベンガル州の州都。二〇〇一年、カルカッタから改称）の朝の光につつまれたマザー・テレサを、カメラのファインダー越しに追っていたぼくの顔を、のぞきこむようにしてマザーはいった。口もとをちょっとつきだすような、人なつっこいおばさんといった感じで、そういってくれるマザーに、ぼくは「ええ、つれていってください。」と、カメラをバッグにしまいこむ。

「じゃ、いきましょう。」

ロザリオをにぎった左手を腰にあて、背をいくらかまるめたマザーは、スタスタと歩きはじめる。ぼくはあわててあとを追う。

修道会の門をでてすぐだ。ぼくは「マザー、マザー！」とさけびながらかけよってくる女性をみた。はだしで薄汚れたサリー。ぼくにもひとめでスラムに住んでいる女性だとわかる。彼女はマザー・テレサが外出するのを待っていたのだろう、「マザー、マザー、わたしには腹をすかして待っている子どもが八人いるんです。どうかわたしたちを救って！」と、思いつめた表情で一息に訴えると、マザーの足にすがりつくようにすわりこんでしまったのだ。

突然のできごとに、ぼくは一瞬立ちすくんでしまったが、マザーはおどろいたようすもない。ゆっくりとしゃがみこみ、その女性の手を両手でつつみこむようににぎり、やさしさにみちたまなざしで彼女をみつめながら語りかけた。

「ご主人は働いていないの？」

「病気で死んでしまったんです。マザー、お願いです。お恵みを……。」

マザーは、彼女の枯れ木のようにやせた細い腕をささえるようにして立ちあがらせると、ぼくのほうをみて、「オキ、なにか書くものをかして。」といった。ぼくは、あわててメモ帳とボールペンをさしだした。マザーは、「この人に二週間分の食べ物をあたえてください。――マザー・テレサ」と走り書きした小さな紙をその女性にわたし、修道会にいってこのメモをみせ、食べ物をもらうようにといった。女性はマザーにむかって手を合わせると、いまぼくたちがでてきたばかりの修道会の門のほうにかけていった。

ぼくが、そのうしろ姿にカメラをむけ、何回かシャッターをきったのはもちろんだが、そのあいだにもうマザー・テレサは別の女性につかまっている。骸骨のようにやせ細った赤ん坊をだいたまだ二十歳そこそこの若い母親が、どうしても自分では育てられない、子どもを〈ニルマル・シシュ・ババン〉（聖なる孤児の家）にいれてほしいと訴えているのだ。まだ髪の少ない頭に吹き出物がいっぱいの赤ん坊を自分の腕にだきとったマザーは、若い母親に話している。

「あなた、この子を愛してる？」

「ええ、もちろん。でも……。」

「だったらね、できるかぎり自分で育てることよ。そうでしょ。それがこの子にとってはいちばんしあわせなことだもの。〈聖なる孤児の家〉にくる子はね、だれからも見捨てられてしまった子なのよ。だけどこの子は、お母さんに愛されているんだから。」

「ええ。でも、もうとてもダメなんです。まだほかに四人も子どもがいて……この子に食べさせることはできないし。」

「この子がいると、家族みんなが生きていけないってことね。では、こうしましょう。わたしたちは、あなたたちに毎日の食べ物を差しあげる。朝十時に〈聖なる孤児の家〉の中庭で給食してるから、そこにいきなさい。それならこの子を育てられるでしょう。ほら、元気をだして。」

マザーは、母親を勇気づけるように、彼女の肩に手をおいている。若い母親の顔に、ホッとしたような笑いがうかんでくる。マザーも微笑みをかえしながら、だいていた赤ん坊を母親の腕にかえすと、またぼくに紙とボールペンをだすようにいうのだった。

「ありがとうございます。マザー。」

メモを受け取った若い母親は、マザー・テレサの姿を何度も何度も振りかえりながら去っていったが、ぼくには彼女の、まるで靴底のようにかたくなっている、なにもはいていない足の裏が強烈な印象としていまも残っている。

それにしても、マザーがその若い母親の訴えをきき、メモを書いているあいだに、かたわらをとおりすぎていく人たちが、立ちどまって合掌し、またその人びとと視線があうとマザーが軽くうなずき微笑みをかえしている光景は、じつに感動的なものだった。ぼくはいった。

「マザー、あなたのなさっていることはほんとうにすばらしいことですね。」

ぼくは、ぼくの受けた感動をそのままことばにしたつもりだったから、マザーの表情が厳しいものに変わったのは意外だった。どうしてだろう？　予想外の反応にどぎまぎしているぼくに、マザーはいった。

「オキ、もしかりに〈聖なる孤児の家〉がなかったら、子どもたちはみんな路上にほうっておかれるのよ。それをそのままにしておくか、それともわたしにできることをするか、わたしにはそのどちらかを選ぶしかないし、だから、わたしは自分にできるわずかのことを選んだだけなのよ。」

「でも。」と、ぼくはいった。「それが、ふつうの人にはなかなかむつかしいことで……。」

「そうじゃないのよ、オキ。あなたは、もちろんちがうと思いますけどね、ふつうの人びとは貧しい人間をみくだしているのよ。貧しい人間は、自分とおなじ人間ではないと思っているというのが現実じゃないかしら。」

激しいことばに、ぼくがとまどっていると、「マザー。」と声をかけながら、救いを求める人が数人、マザーのまえに立ちどまった。マザーは、ぼくに投げかけた厳しさをさっと内にしまいこみ、いつものあたたかい表情でふたことみこと、ことばをかわすと、またぼくのほうをふりかえって微笑んだ。今度は、なにもいわれなくても、ぼくにはマザーがなにを求めているか、よくわかった。ぼくは、また紙とボールペンをマザーの厚くあたたかい手にのせる——。

この朝、ぼくが出会った光景は、なにも特別なものではない。ぼくが同行したかぎりでも、毎日がこうした光景の連続なのだ。マザー・テレサは、毎日、スラム街を歩き、飢えた人や病に倒れて路上にほうりだされている人びとに声をかけ、その願いをかなえてあげるのだ。

死に瀕している人びとのためには〈死を待つ人の家〉を、親に見捨てられた乳児や幼児のためには〈聖なる孤児の家〉を、ハンセン病の人には彼らも働くことのできる〈平和の村〉を、そしてスラムの飢えた人びとには毎日の食べ物を。世界中からマザー・テレサの修道会に送られてくるお金、医薬品、食糧などが、そのために惜しみなくつかわれる。

街を歩くマザーの姿は、まさに「貧しい人こそキリスト。」といいきる信念の姿だ。

すでに夏の太陽が天高くかけあがり、その暑い陽ざしが、容赦なくスラムの屋根を、崩れたレンガの壁を、そして路上で生気なくうずくまっている人びとを襲うなかを、ぼくはマザーに従って歩きながら、はじめて〈死を待つ人の家〉を開いたときのマザーの話を思いだしていた。二十数年前の夏も、マザー・テレサの姿はきっとこうだったにちがいない、と。

もっとも悲しむべきことは、病めることでも貧しいことでもなく

そう、あれは一九五二年の夏——。

強烈な太陽の熱が、シートをさし掛けただけの、あるいは古板をわたしただけの屋根を焼いているコルカタのスラム街。生きる旅をつづけるには、あまりにも疲れはてている人

びとが、それでもわずかな日陰を求めて路上をさまよっている。ゴミ箱に捨てられ死んでしまった嬰児（生まれたばかりの赤ん坊）の死体を、野ネズミの群れが食い荒らしているまえに、いまにも倒れそうな老人がぼう然と立ちつくしている。連日のように、数十人もの人びとが路上で死をむかえる。まるで、地獄絵のような風景――。

そんな地獄絵のなかで、「すべてをささげて、スラムの貧しい人のなかのさらにもっとも貧しい人のためにつかえる。」と誓願して四年めのマザー・テレサは、毎日、子どもや病人の世話に献身的に歩きまわっていた。そんなある日、マザーは、路上に行き倒れている老婆に出会う。

極度の栄養失調にやせ衰え、皮膚は生気をうしない乾ききっていて、死人のようにしかみえないその老婆に、目をとめたマザーが、十字を切って離れようとしたとき、〝死体〟の腕が一瞬ピクリと動いた。まだ生きている！　マザーはかけよった。

からだのあちこちをネズミにかまれたか、アリにくわれたか、血が流れだしており、ほとんど死んではいるが、しかしまだ生命の火は絶えてはいない。神に望まれてこの世に生まれてきた生命だ、生きられるところまで生きさせてあげたい！

マザーは、だきあげると、スラムをぬけ、病院へといそいだ。骨と皮だけのからだは、小柄なマザーでも充分にだきかかえられるほどの重さでしかなかった、という。だが、必死で病院にいそぐマザーの姿を、いきかう人はだれも見むきもしない。たまにふりかえる人の目には、老婆をだいて走りゆくマザーのサリー姿は、「どうせ死んでいくのに、あの修道女はなにをいそいでいるのか。」という奇異な感じにしかうつらなかったのだ。病院でもそうだった。

「だれか、だれか早くこの人を診てください！」

汚れきり悪臭をはなっている〝老婆〟をだいてさけぶ白いサリーの修道女を、居あわせた患者も薬箱をもった看護師も、そして端正な白衣のインターンも、だれもかもが、好奇の目でみるばかりだった。ようやくあらわれた院長も、眉をよせ、ぶっきらぼうな口調で病人をひきとる意志のないことを露骨にみせる。

「マザー、この病院には、あなたが考えるほどの余裕はないんですよ。どうせ死ぬにきまっている人間は手当てのしようもないし、収容するスペースもありはしないんですから。」

「でも、この人は生きているんですよ。まだ天国にいったわけではありませんよ。」

「そうかもしれない。が、この人はあなたがたまたまみかけた病人でしょう。あなたにとってはその人ひとりかもしれないけれども、このコルカタにはそういう人は何百人といるのですから……。」

「だから手当てをしないとおっしゃるんですか。」

院長は答えない。気まずい沈黙のときが流れる。まわりをとりまいて事態をみまもっていた患者のなかには、沈黙にたえかねてそっと立ち去っていく人もいる。

マザー・テレサの静かな声が沈黙を破った。

「わたしは、生命ある人をみはなすことはできません。あなたがこの人を受けいれてくださるまで、ここを動きませんから。」

厳しかった院長の表情がなごみ、顔に微笑がうかんだ。

「わかりました。マザー。わかりましたよ。」

院長は、その女性のために場所を提供することにしたのだ。この決断が、院長の独断であることは、ほかの医局員がいぜんとして「不潔だ。」と目をそむけているようすではっきりしている。だが、マザーはうれしかった。

「ありがとうございます。院長さん。」

マザーは病院をでたが、その心には「コルカタにはそういう人は何百人もいる。」といった院長のことばが、重くのしかかっていたのだった。

――院長のことばは正しいのよ、とマザーはぼくにいった。だって、病院をでたわたしのまえには、おなじように路上で死にかかっている人たちがたくさんいたんですものね、と。

マザー・テレサは、だからいま自分のなすべきことは、路上で死を待つしかない人びとが安らかに死をむかえることのできる〈家〉をつくることだ、と確信したのだった。思い立つと、そくざに行動するのが、マザーの性分である。

彼女はそのまま市役所にむかい、そういう場所がほしいとたのみこんだ。事情をきいた保健担当者は、しばらく考えこんでいたが、やがてマザーを外へつれだした。マザーのつれていかれた先はヒンズー教の聖域であるカリー寺院であった。この寺院は女神カリーを祭神とする有名なヒンズー寺院で、コルカタという地名もこの女神カリーから由来している。一帯はカリガートとよばれ、観光地としてもにぎわう場所である。

花を売る店が両側に軒をならべているせまい道をとおって本堂に入ると、そこには、青黒い顔に真っ赤な口、生首をぶらさげ、血刀をひっさげたすさまじい形相の女神カリーの像があり、そのまえには、毎日、首をはねられた山羊が、いけにえとして祭壇にささげられている。あたりは一面に血がとびちっている。

「ここなんですよ、ここならすぐにでも無料でお貸しできるんですが。」

市役所の役人がマザーを案内したのは、本堂の裏手にある礼拝を終えた人びとが休憩所につかっていた建物だった。いまは空き家だからこれでどうか、というのだ。実際のところは、異教徒のための建物などとんでもないと、マザーが断るだろうという目論見もあったのかもしれない。

しかし、マザーは、ヒンズー教徒の礼拝と信心の場所だからとてもいい、さっそくつかわせてもらいたいと答えたのだった。もっとも、この空き家は路上生活者がたまり場にし、バクチ場にもなっていたのだが、マザー・テレサにとってはそんなことは問題ではない。

「そのときもやはり何人か路上生活者がいましてね、ヒンズー教の聖域に異教徒のわたしが入っていったのでおどろいているの。でも、わたしは、こうしているあいだにも路上で息をひきとっている人がいるかもしれないと思うと、気がせいて、さっそく長椅子をベッドにしようと動かしはじめましたらね。」

なにをしているのか、と路上生活者たちが、マザーのところへ集まってきた。マザーは当然のような顔をして、彼らに手つだいをたのんだ。

「いいところに来てくれたわね。あなたたち、ちょっとこの椅子を動かして。」

女性教師が生徒にものをいいつけるような、陽気で、自信にみちたマザーのペースにまきこまれた路上生活者たちは、わけもわからないうちにマザーのいうままに従順に、ある者はベッドづくりに、ある者はそうじを手つだい、数時間後には荒れはてていた室内はみちがえるほどきれいになった。さっそく、数人の患者がはこびこまれる。

ヒンディ語で「ニルマル・ヒリダイ（清い心）」とよばれる〈死を待つ人の家〉がスタートしたのだ。

人間にとってもっとも悲しむべきことは、病気でも貧乏でもない、自分はこの世に不要な人間なのだと思いこむことだ。そしてまた、現世の最大の悪は、そういう人にたいする愛が足りないことだ。マザー・テレサはそう確信している。

だからマザーは、世間に見捨てられ、身も心もズタズタになって路上に倒れ伏し、死の寸前にはこびこまれてきた、ボロ切れのようなひとりひとりのからだを丹念に洗い清め、髪を短く刈ってやり、粗末ながらも清潔な衣服に着かえさせて、ベッドにそっと横たえてやる。しっかりと手をにぎり、話すこともできない瀕死の人には目で語りかけながら、ゆっくりとあたたかいスープを口にはこんでやる。

「あなたも、わたしたちとおなじように、望まれてこの世に生まれてきた大切な人なのですよ。」

マザーは、そう話しかけながら、もう一度力をこめて手をにぎる。

だれにも見むきもされなかったかもしれない、路上で生まれ路上で死ぬ身かもしれない、でもせめて死の瞬間だけでも人間らしくさせてあげたい……いままさに息をひきとろうとしている〝見捨てられた人びと〟を看取りながら、マザー・テレサの心はその思いでいっぱいなのだ。

——しかし、とぼくは質問した。

「ヒンズー教の大寺院のなかに、ある日突然カトリックの施設が出現したわけでしょう、いやがらせは当然あったと思うんだけど……。」

「それはありましたよ。」とマザーは微笑した。石を投げられたりは日常茶飯事で、なかには彼女を殺すなんて口ばしる男もいたという。

「そういうときは、どうしたんですか。」とぼく。

「どうぞ殺しなさい、わたしは天国にいきます。でも、わたしが死んだあとは、あなたがたでこの施設をやってくださいねって。」

おそらく、そういうときのマザーは、ことばは静かだが、怒りと不退転の意志をこめた鋭い目で脅迫者をたじろがせたにちがいない。死と間近にむかいあっている人には、かぎりなくやさしく愛にみちているまなざしが、態度が、そういうときは一歩もひかぬ毅然としたものになったにちがいない。脅迫者にとっては、この小柄で物静かな修道女は、その瞬間、手向かうことのかなわぬ巨人にもみえたことだろう。

ヒンズー教徒たちからの圧力もあった。彼らは、マザー追い出しをコルカタ警察に請願するという合法的手段で、いやがらせをはかった。

請願をうけた署長は、みずから〈死を待つ人の家〉にのりこみ、請願が市民によって合法的になされたものであることをマザーに告げた。が、マザーはひとことも語らないまま、黙々と、いつものようにはこびこまれてくる人のからだを洗い、スープを飲ませ、やさしく手をにぎって話しかけるだけだった。

しばらくマザーの仕事をみていた署長は、なにもいわずに立ち去った。マザーは、署長のうしろ姿をみおくりながら、口もとをほころばせ、目を輝かせて、ひとりでうなずいていた。その顔は、親を納得させることに成功した子どものように、得意げだった。

実際、マザー・テレサの無言の雄弁は、署長をみごとに説得したのだ。彼は、請願者たちにこういったのだ。

「マザー・テレサをあそこから追い出すことはできる。ただしみなさんがマザーとおなじことをやってくれる、という条件つきで、だ。」

〈死を待つ人の家〉にまつわるエピソードはまだ無数にある。

たとえば、死の寸前の老婆をつれてきて、マザーのすることをじっとみていた仏教徒は、「あなたの宗教は本物の宗教にちがいない。あなたをこんなふうに働かせるのだから。」と、マザーの手をにぎり、大声でさけんだ。マザーは、うれしそうににっこり笑っていった。

「そうですとも、わたしはいま、キリストのおからだにふれているのですもの。」

またマザーに看取られているヒンズー教の老僧侶は、「わたしはこの三十年間、女神カリーのもとで勤行につとめてきた。いまその女神がわたしのまえに姿を現しておられる。」と、しみじみと述懐したという。

一九八〇年十月十日現在、〈死を待つ人の家〉に収容された人、四万三百六人、うちすでに死亡した人、一万八千九百四十四人。二〇一〇年五月十七日現在、収容された人、八万六千人、死亡した人、三万九千人。


「オキ、どう？　貧しい人たちをみて。」

スラム街を一巡して修道会に帰る道で、マザーはわたしに問いかける。わたしは、どういってよいか迷ったが、マザー・テレサのユーモラスな口調に救われる思いでいった。

「いや、クリスチャンじゃないわたしには、正直いって、どうやってこの貧しい人を救ったらよいのかわかりません。」

「それにはね、オキ、とにかく貧しい人をみたら、その人たちのために仕える手と愛する心、それに、きく耳をもつことですよ。」

「きく耳って？」とぼくはたずねる。マザーは答えてくれる。

「貧しい人たちはね、オキ、お金を恵まれるよりも食べ物をあたえられるよりも、なによりもまず自分の気持ちをきいてほしいと望んでいるのよ。実際はなにもいわないし、声も出ないけれどもね。」

だが、手をにぎりあい、肌をふれあうことによって、彼らの声はきこえるのだ。そのことばをきく耳をもちなさい、とマザーは、それが癖の、口をいくらかとがらせ気味にして、ぼくに語ってくれる。

「健康な人や経済力の豊かな人は、どんなウソでもいえる。でもね、飢えた人、貧しい人は、にぎりあった手、みつめあう視線に、ほんとうにいいたいことをこめるのよ。ほんとうにわかるのよ、オキ、死の直前にある人でも、かすかにふるえる手が〝ありがとう〟っていってるのが。……貧しい人ってほんとにすばらしいわ。」

きく耳、か。……ぼくは、マザーがたえずくりかえしている「Poor is beautiful＝貧しい人はすばらしい」ということばの意味が、まだ漠然としてはいるが、でもすこしずつ、ぼくの心のなかに溶けはじめているのを感じる。

ポケットには五ルピー、たったひとりで修道院をでて

「プア・イズ・ビューティフル」ということばを、真に理解するためには、どうしても、マザー・テレサの歩んできた道、歴史を知らなくてはならない。

ぼくは、マザーに、貧しい人に献身しなければという考えがいつおこってきたのか、とたずねた。

「そう、何年もまえね。まだ家族といっしょにいたときからね。」

マザーはいった。

一九一〇年八月二十六日、ユーゴスラビア（二〇〇三年、セルビア・モンテネグロと国名を改称）の古都スコピエの商人の家にひとりの女の子が生まれた。アルバニア系の熱心なカトリック教徒である両親は、この子をアグネス・ゴンジャ・ボワジュと名づけた。のちにマザー・テレサで知られる偉大な女性の誕生である。

「それは何歳ぐらいのときですか？」と、ぼくは重ねてきいた。

「そう、十二歳のときでしたね。」と、マザーは遠い昔をなつかしむようなまなざしで答え、そして、自分の歩んできた道のりを、静かな口調で語りはじめる。ずしりと重いものを感じさせるマザーの生涯を、どこまで再現できるか、ぼくにはとても荷が重いことだけれども、できるだけ追ってみよう。

少女は、公立の学校にかよっていたが、すぐれた神父や修道女と家族ぐるみの交際があり、幼いころから、貧しい人たちのために働く、聖職者の存在をとても身近に感じていたようである。

十二歳になったある日、アグネスは、神父からとても興味深い話をきく。

「わたしたち宣教師の使命はね、世界中にカトリックをひろめることなんだよ。ユーゴからも、いまおおぜいの宣教師がインドなどに派遣されているんだ。」

「どうしてインドになんか派遣するの？」

「それはね、アグネス、インドには貧しい人がとてもたくさんいて、わたしたちを待っているからだよ。わたしたちの役目は、キリストの生命を、苦しんでいる人びとに、もたせてあげることなんだから。」

少女は、生まれてはじめてインドを意識し、貧しい人たちのために働く召命（キリスト教用語。神が特定の人をえらんで、ある仕事をたくすこと）ということのあるのを知った。少女は、自分も宣教師になり、貧しい人たちの力になろうと考えた。だがいっぽう、少女はしあわせな家庭をはなれてまで修道女になる決心はつかなかった。自分の一生を神にささげるという気持ちは、かたかったけれども。

十八歳になったとき、少女に生涯の転機がやってくる。アイルランドにあるロレット修道会が修道女をインド各地に派遣して宣教にあたっているという話をきいたのだ。彼女は幼い日の思いが実現すると知って、家をはなれ修道女になろうと決心する。アグネスは受洗した。洗礼名テレサ。聖テレーズにちなんだ名前だ。

シスター・テレサは、ベンガルの宣教地区にいきたいと申し出、一九二九年、インドにむかった。

一九三七年、最終誓願を立てた彼女は、ベンガル区にある修道会の経営する聖マリア高等学校で地理の教師となる。生徒の大部分は、金持ちや役人の恵まれた子女たちだった。やがて彼女は、この学校の校長になるが、このころから心のなかに、なにかものたりないものを感じはじめていた。

一九四六年の夏、シスター・テレサはダージリンにある修道院で黙想の行に入るために夜行列車に乗った。むし暑い車内で、シスター・テレサは聖書に目をおとし、乗客たちは思い思いの姿勢で眠りはじめている。テレサは聖書を手にはしていたが、心は現在の自分の生活への疑惑と不満で乱れに乱れていた。彼女の心は、夜汽車の振動そのままに、きしみ、揺れている。

たしかに、かつてきいたように、インドには貧しい人びとが無数にいる。だが、自分が生活しているロレット修道会は緑の樹々にかこまれ、清潔だ。毎日、学校にいく道すがら目にするスラム街とは、これがおなじコルカタだとは思えないほど差がある。

こんな生活をすごしていて、ほんとうに使命をはたしているといえるだろうか。もっとしなければならない大切なことがあるはずではないだろうか。

テレサは、ふっと、少女時代を思いだした。ロマンチックなあこがれだったかもしれないがわたしがインドで働こうと決心したのは、インドの貧しい人びとが自分を待っていると思ったからではなかったか。

路上に行き倒れている老婆たち、ゴミ箱に捨てられた赤ん坊、手足のない子ども、身寄りのない子ども……貧困と飢えとそして病におかされた、貧しく孤独な人びとの姿がまぶたにくっきりとうかぶ。助けを求めている声が耳にやきつく。

そうだ、自分の使命は、貧しい人びとの群れにとびこみ、そのなかでももっとも苦しんでいる人びとにすべてをささげて生きることだ。飢えに苦しみ、死に瀕している人たちこそ、キリストその人ではないか。シスター・テレサは、みずからの内なるイエスの声をきき、その求めることを受諾したのであった。

ロレット修道会をでて貧しき人びとのなかに入ることを決意した彼女は、ダージリンから帰るとすぐ、コルカタ大司教とローマ法王ピオ十二世に修道会の外へでていく許可を求めた。だが、修道女が修道院外にでることは原則として許されない。「もし一年以内に修道会にもどってくるなら、それも許そう。」という例外的な特別の配慮がなされ、修道院外で働く許可が出たのは二年後、一九四八年のことだった。

だが、彼女は一年で戻るつもりはなかった。

こうしてシスター・テレサは、コルカタのスラム街に入っていった。そのとき、彼女のポケットにはわずか五ルピー（当時の金額で約百五十円）しかなかったという。テレサは、教育だけでは仕事ははじめられないと、パトナにあるアメリカン医療宣教修道会で医療看護の集中訓練をうけ、子どもや病人のめんどうをみるところから、ひとりだけの〝宣教〟をはじめたのだった。

もちろん、教育こそスラムを救う鍵であり、貧困と無知から脱出する唯一の道だという信念の持ち主のことだ。子どもたちに読み書きを教えるために、空き地で机も黒板もない青空教室もはじめている。最初の日、五人の子どもがやってきた。

「あなた、いくつ？」

「十三だよ。」

「学校にいってないの？」

「うん。そんなお金はないもの。」

「そう。でも今日からはここがあなたの学校、わたしが先生よ。毎日あるからね。」


半ズボンをはいているだけで、上半身ははだか、そしてはだしの子どもたちは、目をまるくし、とびあがってよろこんでくれた。わたしを待ってくれている人がやはりいた、ということに、テレサは自信をもった。


テレサは、地面に棒で文字を書き、まず、現地語であるベンガル語のあいうえおと、ひとけたの数字、次いで簡単な英語のことばを教えた。衛生上の実際的な注意ももちろん、忘れてはいない。

「あのね、みんな毎日自分でからだを洗うのよ。手もね。ほら、こうやって洗うときれいになるんだから。」


子どもたちはとても素直だった。テレサの青空学校には、つぎの日からは毎日のように新しい子どもが顔をみせ、人数はどんどんふえていった。家を提供してくれる人やお金を寄付してくれる人など、協力者もあらわれはじめた。灼熱の太陽の下で、粗末な木綿のサリーを身にまとった異国人のシスターが、スラムの子どもたちに文字を教えている姿に心をうたれたのだろう。

かつてのロレット修道院時代の教え子が、彼女の仕事に加わってきた。テレサの幼名をとってシスター・アグネスとよばれる瞳の美しいこのベンガル女性は、ずっとマザー・テレサを補佐して〈神の愛の宣教者たち〉をささえてきた。シスター・アグネスだけではない。かつての教え子たちはつぎつぎとテレサのもとに集まってきた。

「わたしは生徒たちに、貧しい人たちを救うという愛の心と行動力をもつように教えてきた。それが実を結んだのだと思うと、とてもうれしくて……。」

一九五〇年十月七日、わずか十二人のシスターしかいないテレサの生活共同体は、ローマ法王から、修道会〈神の愛の宣教者たち〉として認可された。この日から、「創立者」シスター・テレサは、「マザー・テレサ」とよばれるようになったのだった。

ひとりまたひとり、シスター、うら若い乙女たちが、〈神の愛の宣教者たち〉の仲間に参加してくる。

センチメンタルなところや、気まぐれなところはなく、明朗で地に足のしっかりついたマザー・テレサの性格が、修道会をしっかりした行動の組織につくりあげていく基盤となったのはいうまでもない。マザーは、金がなければ托鉢にでかける。そもそも、最初のキリスト者たちの多くは奴隷であった。キリスト教は、フランスの思想家シモーヌ・ヴェイユのいったように奴隷のための宗教だ。だから、物乞いは、キリストのあとに従うために、自分を奴隷や物乞いにすること、キリスト者のうるわしい活動であって、けっして恥ずべきことではない。マザーはそう信じている。この信念が、マザー・テレサの〝魔法の力〟となり、仕事がひろがればひろがるほど、世界中に後援者の数をふやしていっているのだ。

修道会ができて二年後に、マザーが、ヒンズー教の聖域カリー寺院に〈死を待つ人の家〉をつくったことは、すでに述べたけれども、それから三年後には、マザー・テレサは〈聖なる孤児の家〉をつくっている。

〈聖なる孤児の家〉は、ゴミ箱に捨てられ、もはや泣くことすらできなくなっている赤ん坊をマザーが発見し、つれて帰ったのがはじまりだった。マザー・テレサはシスター・アグネスに計画を語った。望まれない子どものための施設をつくり、わたしたちで育てていこうではないかと。

「マザー、それは名案ですね。ちょうど、ここから五分のところに、わたしたちのために提供してくださった家があるし、そこでたくさん育てましょうよ。」

シスター・アグネスは、美しい瞳を輝かせた。

「マザー、きっとたくさんの子どもがやってきますよ。その子たちが成長するまで世話してあげられるなんて、なんとすばらしいことでしょう。さあたいへん、ミルクの飲ませかたをいそいでおぼえなくては。」

〈聖なる孤児の家〉がつくられたときいて、たくさんの子どもがつれこまれてきた。親に捨てられた子、道ばたにいたストリートチルドレン、刑務所で生まれた子、女子大生が産み捨てた子……。マザーたちは絶対に受け入れを断ったことがない。生命は生かすもの、子どもの生命のなかのキリストの生命を殺してはならない。だから、〈聖なる孤児の家〉では、ひとり子どもがふえればベッドをひとつふやす。無限にふやしつづける。

ぼくは、妊娠中絶に大反対のマザーが病院や医者をたずね、もし中絶する女性があらわれたら、わたしが育てるからとにかく産むようにその女性を説得してほしいと説いてまわるのに同行したことがあるが、「小さな子どもたちは神さまの生命、多すぎるということは絶対にありません。」と熱い愛の心を説くマザーの姿は感銘深いものだった。ぼくはマザーに、インドは子どもが多すぎるという人がいるけれども、それでもあなたはそのままにしておけば死んでしまう子どもを助けるのか、ときいたことがある。ぼくの愚問は、当然のようにマザーに一蹴された。

「わたしたちは、生命を生かすものだと思っているから、多すぎるなどということはけっしてないのです。」と。

ぼくは、〈聖なる孤児の家〉で育ち、いまは結婚して主婦となっているミリアム・ミトラに会った。三十歳になった彼女は、自分はどうして〈聖なる孤児の家〉につれてこられたのか、まったくおぼえていない、という。ぼくは、シスターたちに、ミトラがつれてこられたころのことをきいてみた。

ミトラはね、と、ステップマザー（養母）を五年間つとめたシスター・マーガレットが話してくれた。

——その子は、ひとりで、水たまりに倒れていた。泥水は耳のなかにいまにも入りそうだったし、髪は泥まみれだ。だけど、起きあがる力はなかった。腹ばかりが異常にふくれていた。

彼女の両親は病死してしまって、当時五歳だったミトラには、生きるすべもなく、ただ泥水のなかで、死がおとずれるのを待っているだけだった。そこにマザーがとおりかかり、病院にはこんで洗浄、酸素吸入、輸血などの手当てをして生命をとりとめた。それからは、規則正しく食事をして、みるみるうちに健康な子どもになっていった。

マザーはよく、腰をかがめ、視線をおなじ高さにして、元気になったミトラにたのしそうに話しかけた。「おはよう、ミトラ。」とマザーがいうと、ミトラも、「おはようございます。マザー。」と答える。「よくいえたわねえ、ミトラ。はい、こっちにおいで。」

マザーは、ミトラをすっぽりと胸のなかにだきしめる。ミトラは、マザーをほんとうの母親のように思っていた。一度も両親がいないことを寂しがったことはなかった。

ぼくはミトラに、シスターからきいた話をつたえた。ミトラは、少女時代をなつかしむように、はずんだ声でいった。

「マザーはどんな子どもにも平等だったのよ。たとえばわたしたち子どもが三十人いるところに、マンゴーが二十個贈られてきたとするでしょ。するとマザーは、シスターに市場へいって十個買ってこさせて三十個にして、ひとりに一個ずつくばってくれるの。おもちゃや人形も、取りあいになっちゃうからといって、飾っておくの。わたしたちにあたえてくれるのは、みんなでいっしょに遊べるものだけ。」

ミトラが学校へいく年齢になったとき、マザーはミトラに、目の青い金髪の紳士の写真を見せ、「この人があなたのパパの役割をやってくれる人よ。」といった。アメリカにいる人なので会うことはできないけれども、ミトラが学校を卒業して働くようになるまで、ずっと養育費、教育費を仕送りしてくれる里親があらわれたのである。ミトラはしばらく不思議そうな顔をしていたが、こんなすてきな人がパパになってくれるのなら、一生懸命勉強するわと、じっと写真にみいった。そんなミトラに、マザーは大きくうなずきながら、うんと勉強をするのよ、とはげますのだった。

「学校でアクセサリーが、はやったことがあったの。」と、ミトラはまた話しはじめた。

「わたしは買ってもらえないってあきらめていたら、いつのまにかマザーは、わたしのためにアクセサリーを用意していてくれてたのね。マザーは、勉強勉強というだけじゃなくて、わたしが友だちから仲間はずれにされてひがんでしまわないように、気をくばってくれたのね。マザーは、ほんとうに、わが子のように育ててくれたんです。」

ミトラは、マザーのあたたかい愛情にくるまれて、中学、高校と進み、英語、タイプ、速記を身につけて、インドでも一流の商社に就職した。会社の同僚と社内結婚し、いまは二児の母として、しあわせな家庭をつくっている。

「就職の願書に両親の名前を記入する欄があって、それをみたとき、わたしはとてもつらかった。自分には両親がいないんだと思ったら涙がでてきて……。すると、マザーが黙って、その欄にマザー・テレサと記入してくれたの。忘れられないことです。わたし、いまは子どもから手がはなれたので、マザーの仕事のお手つだいをしています。マザーやシスターのことを考えたら、家でのんびりしていられないもの。」

ミトラとおなじように、この〈聖なる孤児の家〉に収容された子どもは、一九八〇年三月十一日現在で九千八百三人、二〇一〇年五月十七日現在では一万三千二百八十人――。だが、ミトラたちのようにマザーの施設で育てられる子どもは幸運だ。インドでは、小枝のような細いやせた腕に、栄養失調で目と腹がとびだした赤ん坊をだいて、路上にぼう然と立っている十五歳ぐらいの少女を、いくらでもみかけるのだから。しかも、その赤ん坊のほとんどは、食べ物をあたえられないまま、ひっそりと息をひきとっていくのである。

マザーたち〈神の愛の宣教者たち〉の活動は、さらに大きく重いものになるだろう。

しかし、マザー・テレサは、なおも前進した。〈神の愛の宣教者たち〉の活動範囲は、さらにひろがり、貧しい人のなかのもっとも貧しい人たちに、限りなく近づいていく。

特等！　法王のお召し車　純白のリンカーン・コンチネンタル

〈死を待つ人の家〉〈聖なる孤児の家〉につづいて、マザーたちは、ハンセン病患者の救済活動にのりだすのだ。

一九五七年、仕事先をほうりだされた五人のハンセン病患者が、マザーをたよってきた。これをきっかけにマザーたちは、インド全体で推定七百万人、コルカタだけで三十六万人いる（一九八〇年当時）というこの病気のために、社会からも家庭からもほうりだされ、だれにも愛されず、かえりみられず、スラムにひっそりと住んでいる患者たちの友となろうと立ちあがった。

マザーは、まず市当局に病院建設を訴えたが、無理だとわかると、自分たちで患者の家を訪問し、治療しようとした。

「だけど、みんな強制収容されるんじゃないかと逃げまわってね、これは成功しなかった。」

マザーは苦笑した。やむをえず彼女たちは、活動を理解してもらうために、空き地や公園で治療をはじめる。移動診療所のはじまりである。

マザーたちは、また、コルカタから二十マイル（約三十キロ）のところにある、製糸工場と発電所の町チタガールの国鉄用地を、無料で借りることに成功した。マザーは、その空き地に、まず竹とアンペラ（カヤツリグサ科の多年草）で編んだ粗末な病棟をつくった。治療がはじまり、働ける患者がふえてくると、彼らの力でレンガ積みの病棟づくりがはじまった。働ける患者たちは、二棟の病棟と織り機五十台を持った織物工場、それに二十五世帯の家、外来診察室や事務所などを不自由な手足で、みごとに完成させた。また、古い織り機でベッドシーツやサリー、枕カバーをつくり、池を掘って養魚をはじめ、あるいは養豚や養鶏をはじめて現金収入を得るようになるなど、いわばチタガールの一角にコミューンをきずきあげたのである。

一九六三年から、オーストラリアのイエズス会のアンドリュー神父がコルカタに男子修道会を創設、マザーの協労者として活動をはじめたことも、マザーの活動にはずみをつける。

男子修道会は、たとえば路上で死にかけている人を〈死を待つ人の家〉にはこんだり、男の孤児のひきとりと育児といった、マザーたちの不得手な力仕事などをひきうけた。ブラザーとよばれる修道士たちは、その後、インドのみならず香港、マニラなどに修道会のブランチ（施設支所）をつくり、その一部は、東京の山谷地区にも足をのばしている。

ぼくはチタガールのこのコミューンで、テワリという青年に会った。テワリは、中流家庭に生まれ、勉強好きの明るい学生だった。だが、十八歳のとき、彼は手足の異常に気づく。医師の診断は、「ハンセン病の初期だ。通院すればなおるかもしれないが。」という無情なものだった。病院に半年もかよっただろうか、テワリは回復もはかばかしくなく、また高い治療費が家族に負担をかけていることを思い、姉や妹の縁談にも支障をきたすのではないかと考えて、ある夜、小さな荷物を持って家をでてきた。

「いくあてなんて、もちろんなかった。ただ、できるだけ遠くにいきたいという思いだけだった。たどりついた町で、路上生活者の群れにまぎれこんだわけです。」

治療を中途でやめたため、足の指は全部欠け、手の指も第二関節までなくなってしまった。病気はどんどん進行する。だけど、そのまえにきっと飢えで死ぬだろう。このまま、だれにも知られず死んでしまえばそれでいいじゃないか。

「そう開きなおると、とても気がらくになってね、それからはもう時間なんかまったく気にならなくなった。ただかげろうのように、さまようだけ。もちろん、声をかけてくれる人はひとりもいなかったね。」

「チタガールにきたのは、放浪しはじめて何年めごろのことか、おぼえていないのかい?」

と、ぼくはたずねた。

「うん。チタガールにはマザー・テレサの施設がある。そこへいけば治療しながら働けるという噂をきいたわけだけれど、時間の観念もなかったからね。とても暑かった時季というだけで家出してから何年めの夏だか、そんなことはまったくわからなかった。もちろん、いまはわかってるよ。」

だが、チタガールの噂は、ただ死を待つだけの日々をすごすしかなかったテワリに、生きることを意識させた。テワリは、スラムをでて、チタガールにむかう。黒い肉の棒のような二本の足と、指のない手で、どうにかチタガールにたどりついたテワリは、マザーたちの手厚い治療で病気の進行もとまり、生来の明るさをとりもどしていった。

「もしチタガールにいきついて生きられるのなら、歩きはじめよう、これはぼくにとっては生きるための最後の挑戦だったんだよ。このまま野たれ死にしてしまうつもりでいたが、ぼくは勉強が好きだったから、生きなおせるなら、もう一回学問をしてみたかったのだよ。」

まだ家には、ここにいることを知らせていないというテワリに、ぼくは、家出してから何年になるのか、ときいた。テワリは、「十二年。」と、ひとこと答えた。万感の思いをかみしめるような口調だった。

ぼくは、それ以上はなにもきくことができなかった。


チタガールに、ハンセン病患者自身によるコミューンをつくったマザー・テレサは、一九六八年三月には、コルカタから北へ二百キロの西ベンガル州アッサンソールの近くに〈サンチナガール（平和の村）〉をつくりあげる。

西ベンガル州知事が提供してくれた九十万坪の広大な土地は、ブッシュが唯一の緑といった砂漠同然の荒れ地だったが、マザーたちは大よろこびだった。

「シスター・ゼービア、ここにハンセン病患者の理想の村をつくりましょう。」

「理想の村ですって？」

「そう、チタガールとおなじように、患者自身が働き、収入を得て、みんなたのしく暮らしながら病気を治療していく村ですよ。」

「患者の家族も住める村になるといいですね、マザー。」

「そう、それよ！」

マザーたちは、さっそく村の設計をはじめた。九十万坪を三つの区域にわけて、A区域は病棟、B区域はシスターたちの居住区、C区域は田畑と患者の家族の住む区域。そしてそれぞれの境界線にはレンガの壁をつくる。

患者と家族が一つの村のなかに住めば、治療が終わり社会復帰できるようになったとき、この村でそのままいっしょに働ける。そんな理想の村づくりをマザーたちは夢中で考えている。

ふっと、シスター・ゼービアがいった。

「でもねえ、マザー、病院や家を建てるお金はどうするんですか？」

「シスター・ゼービア、あなたはこの村の村長なんですよ。いまからそんなに悲観的でどうするの。わたしにまかせればいいんですよ。」

マザー・テレサは、シスター・ゼービアを安心させようと、自信ありげにいいきったが、その時点では、なんの成算（成功する見こみ）もありはしない。

「そこで、例のパウロ六世のリンカーン・コンチネンタルが登場するわけですね。」と、ぼくはマザーに水をむける。

マザーは、いたずらっぽく笑うと、「そう、でもみんな知ってるようだから、あの話はやめましょうか。」という。

「いや、それは困りますよ。」とぼく。

「そう。あのアイデアは、自分ながらいいアイデアだったわね。」

マザー・テレサのアイデアとはこうだ。

ちょうどその時期、ムンバイ（一九九五年、ボンベイから改称）で開かれた聖体大会に出席したローマ法王パウロ六世が、帰国にあたって自分の儀礼用の自動車、純白のリンカーン・コンチネンタルをマザー・テレサに贈った。そもそもこの豪華な最高級車は、インド滞在中に使ってもらおうとアメリカの大富豪がパウロ六世に献上したものである。この自動車のことが、マザーの脳裏にパッとうかびあがったのだ。

腕を組み、やや背をまげてうつむきかげんという、いつもなにかを考えるときのポーズから、マザーはパッと顔をあげ、シスター・ゼービアと視線をあわせると、にっこり微笑んだ。これもアイデアがひらめいたときのマザーのお得意のポーズだ。

「チャンスよ、宝クジをやりましょう!」

十万ルピー(約三百万円)の自動車を賞品にして寄付百ルピー(三千円)以上につき一枚という宝クジを五千枚売れば、あっというまに五十万ルピー(約千五百万円)は集まる。これがマザーのアイデアだったのである。

「どう、名案でしょ。これなら〈平和の村〉づくりはすぐにもはじめられるでしょう。」

マザーは、白い歯をみせて得意気だ。法王が贈ってくれた自動車だというのに、宝クジの賞品にしてしまうなどという発想は、実際家のマザーの面目躍如たるアイデアではないか。

マザー・テレサは、すぐ知事に会い、アイデアを説明した。宝クジの発行は知事の認可がいるのだ。知事も、「グッド・アイデア。」と大賛成、「その車は〝人民の車〟と命名したらどうですか。マザーの考えにぴったりでしょう。」とアイデアをだす。マザーも大賛成。

「それともう一つ。」と、知事はいたずらっ子のように目をくりくりさせながら、マザーにいう。

「この宝クジ、わたしも買いますよ。そして、もしわたしに当たったら、もう一度マザーに寄付しますよ。そうすれば、さらに五十万ルピー集まるかもしれない。」

「すばらしいアイデア。知事はわたしよりアイデアマンですこと。」

チャリティ宝クジが売り出されると、知事はもちろん、公務員も実業家も学生も、みんな買った。マザーの施設に寄付するというヒューマニスティックな行為に、すばらしい車を手にいれることができるかもしれないという夢がついているのだ、売れないはずがない。結局のところ〝人民の車〟はある学生に当たったため、せっかくの知事のグッド・アイデアは実現しなかったけれども、ともかくコロニーをつくるには充分な資金がマザーの手もとに集まった。マザー・テレサらしいユニークなアイデアは、みんなの協力でみごとに実を結んだのだった。

「マザーはアイデアマンだから。」と、ぼくはいくどきいてもこの話に感嘆する。ローマ法王のくださったものを賞品にするなんて、というと、マザーは「だって、わたしには不必要だもの。わたしにはこれがなによりよ。」と、自分の足をさして大笑いする。

マザーには、こんな話はいくらでもある。いささか横道にそれるが、その二、三をここで紹介してみたい。

マザーは、しょっちゅうインド国内を移動しているが、政府発行の国鉄パスを持っているとはいっても、デリー（二〇〇二年、ニューデリーから改称）やムンバイにいくには汽車だと二日がかりの長旅になってしまう。といって飛行機は料金が高い。マザーは浪費が大きらいだから、なんとか飛行機に安く乗れる方法はないかと一生懸命考えた。うかんだアイデアが、即席スチュワーデスになる方法だった。さっそく航空会社にかけあう。

「目的地に着くまでのあいだ、機内でわたしにスチュワーデスを手つだわせてください。」

さすがに航空会社も困り、丁重におことわりしたうえで、マザー・テレサの国内線航空運賃は無料という措置をとった。

このあたり、〝生きている聖女〟というよりは、〝肝っ玉おっ母あ〟といったほうがピッタリという感じだな、とぼくは思う。なんとも親しみのもてる話ではないか。

アイデアの人、テレサおばさんは、こんなことも考えた。

インドでは街頭のいたるところで、ココナツが売られていて、客はジュースを飲みおわるとポイと殻を捨てるから、街中に殻がころがっている。マザーは、その殻をしばらく水にひたしてから棒でとんとんたたくと、繊維になることに着目した。さっそく街にころがっているココナツの殻を一か所に集め、繊維にすると、〈死を待つ人の家〉のマットや敷物、タワシや枕のなかにいれるパンヤをつくる。さらに、その製品を売ることで、失業対策、収入化をはかる。マザーのインスピレーションは、ゴミをお金にかえたのだ。

「でもね、オキ、わたしがいちばん〝してやったり〟と思ったのは、これよ。」

マザーが興にのって話をつづける。今度は飛行機の機内食のことだ。

国際線では、よく手のつけられていない機内食があまる。マザーは、空港ビル会社と交渉してこれを〈聖なる孤児の家〉にはらいさげてもらっている。最近では、国際線だけでなく、国内線でもそうなっている。デリー、ムンバイ、コルカタ間のエアバスに欠航などがでると、〈聖なる孤児の家〉の者が機内食のもらいうけにとんでくるのだ。だからいまでは、飛行機に遅れがでると、乗務員や乗客が、「おい、マザーのところの孤児たちがお祈りしてるから今日も遅れたよ。」というジョークが、とぶくらいになっている。

でも、ぼくがマザーの、お金にまつわるアイデアをいくつかならべたからといって、けっしてマザー・テレサという人物がお金にたいしてケチだとかなんとか、思わないでほしい。

マザーは、お金についてはいつも実際的な見方をしていて、シビアだけれども、医療や社会事業のための国庫助成金は一度も受け取ったことがない。どうして？　ときくと、書類作成でたいへんになるからと、茶目っけたっぷりの笑顔でいう。政府へ提出する収支報告書をつくらねばならないなどというのは、マザーにとっては、人手と時間の浪費なのだ。

マザーのアイデアは、神を愛せよ、隣人を愛せよというキリストの二つの教えを実行するためにだけ、十二分の能力を発揮するのだ。

豊かさのなかで、心の貧しさに気づく

ぼくは、話を〈平和の村〉づくりにもどさなくてはならない。

宝クジで得た金で、村づくりは急テンポに進む。まず、チタガールのときとおなじように、働ける患者（ペイシェント・ワーカー）が集まった。彼らは、設計図にしたがって土地をならし、中央に並木のあるメインストリートをつくった。この通りは、村づくりの資金源となった〝人民の車〟の贈り主にちなんで「パウロ六世通り」と名づけられた。

指先のない者は、レンガを一個ずつ両手ではさむようにしてはこび、つみあげる。病棟が、シスターたちの住居が、しだいに形をなしていく。

畑をつくるための整地、水路もつくられていく。

シスターたちは、働く患者とともに村づくりにはげみ、村長であるシスター・ゼービア

は、全員にテキパキと指示をあたえながら、同時につぎからつぎへと入村を希望してくる患者とその家族の対応に大わらわである。

パウロ六世につづいて、西ドイツの子どもたちからまとまった寄付がよせられ、それで病棟がさらに一棟ふえた。それで、彼らに感謝の意を表して、この病棟の白壁には"GIFT FROM CATHOLIC-CHILDREN of GERMANY"(ドイツのカトリック信者である子どもたちからの贈り物)と大きく書かれている。

マザーは〝村長〟と手をとりあってよろこんだ。これでみんな病気を恥ずかしがることもないし社会からオミット(除外・無視)されることもない。だれにめいわくをかけることもなく、患者たちは治療に専念できるのだ。

一九六八年三月、ハンセン病患者が、自分たちの不自由な手足でつくりあげた〈平和の村〉は、自給自足の生活の第一歩をあゆみはじめた。

牛糞を集めてメタンガスを発生させ、そのガスで炊事をする。養豚、養鶏、養魚をいとなんで、現金収入をはかる。オーストラリアからホルスタイン牛が寄贈されると、すぐ現地の牛とかけあわせて仔牛をつくる。

ひとつひとつの仕事がアイデアにとみ、じつにスムーズにおこなわれている。働く人びとの顔も明るくなった。

ぼくは、この養鶏場で、こんな光景もみた。ラジオから流れるインド音楽のリズムにあわせて青年がからだをゆすっている。それをみたシスター・ゼービアが笑いながら、ぼくにいう。

「ごらんなさいな、ここのニワトリはとても音楽が好きなのよ。」

青年はてれくさそうに頭をかきながら、ラジオのボリュームをおとした。

この〈平和の村〉の明るい雰囲気は、マザー・テレサやシスター・ゼービアの性格をそのまま反映しているのだといってもいいだろう。一九八〇年までに〈平和の村〉で治療をうけた患者数一万五千人以上、二〇一〇年までは二万三千人以上におよぶ。

マザー・テレサは、シスター・ゼービアをはじめここで活動している十人のシスターにこういって、感謝した。

「あなたがたは、ほんとうにすばらしいことを成しとげました。みごとに砂漠に花を咲かせましたね。」

マザーの計画は、さらにひろがる。

大企業がほかに移転した跡地を提供してもらうと、そこを〈プレムダン（愛の贈り物）〉と名づけて、成人の精神科病棟やスラム・スクール、脳性まひの子どものための施設をつくる。ロバート・ケネディの寄付で、女性の精神科病棟〈ケネディ・センター〉も完成した。コルカタ市内では、毎日、約千世帯分の給食活動もはじまっている。

移動診療所は、インド全土の村から村へ、医薬品や食糧をはこび、定期検診や食糧配給をしている。

マザー・テレサの活動は、インド亜大陸の内部だけではない。その施設は、ニューヨーク、ロンドン、メルボルンなど先進国の大都市をふくめて、世界各国百八十二か所におよんでいた。二〇一〇年現在では七百六十六か所、百三十七か国におよぶ。マザーの行動力はすごい。貧しい人がいるとなると、先進国であろうと発展途上国であろうとすぐとんでいって、その場でお金を集め施設をつくり、そしてシスターを派遣する。

ぼくは、マザーに問うた。

「インドには、マザーがあれほど長い年月、心血をそそいでなお、貧しさと病気はいっぱいあるのに、なぜ先進国にまで救いの手をさしのべるのですか。先進国は経済力もあるのだから、自力でやるようにいうだけでいいじゃないですか。」

「それはねえ、オキ。」と、マザーは答えてくれた。

「貧しい人、飢えた人がいるのはインドだけじゃない、コルカタのスラムだけじゃないからなのよ。」

「でも、数にすれば……。」ぼくは、なぜかさからってみたかったのだ。

マザーは、ぼくの顔に視線をむけ、さとすようにいう。

「オキ、あなたの国では、人びとはなに不自由なく生きているように思えるけれども、心の飢えをもっている人がたくさんいるでしょう。だれからも必要とされず、だれからも愛されていないという心の貧しさ、それは一切れのパンに飢えているよりももっとひどい貧しさなんじゃないかと、わたしは思うの。オキ、ほんとうにあなたのまわりにはいないといえますか？　だれも自分を必要としていないのだと思ってる人が、もっと親と話したいと思っている子どもが、住んでいる部屋のナンバーでしか存在していない人が……。」

ことばもないぼくに、マザーは、「ずっとまえのことだけど、オーストラリアのメルボルンでこんなことがあったのよ。」と体験を話してくれた。

——街の路地裏に、生きていることすら、だれも知らないような老人を、マザーはみつけた。老人の部屋に入ってみると、窓はしめきったまま、室内は一度もそうじしたことがないようなひどい状態だ。マザーがそうじしようとすると、老人は「ほっといてくれ。」と大声でどなった。マザーは老人ににっこりと微笑むと、かまわずそうじをはじめた。

「ほっといてくれってのがわからないのか。」と、老人はまたいった。さっきよりはいくらかおだやかな語調だった。マザーがふとみると、何年もつかっていないランプがある。

「なぜランプをつけないのってきいたら、老人はだれのためにつけるんだとききかえすの。だれもこんなところになんか来やしないし、自分にはランプのあかりなどいらないっていうのよ。世間からも家族からも見捨てられてシニカルになってしまっているのね。」

「で、マザーはどう……。」

「もし、今後シスターがおうかがいしたら、そのときはランプをつけてくれるかってきいたわ。そうしたらね、いいとも、人間の声がきけるならつけたっていいよっていったのです。」

その翌日から、メルボルンのマザーハウスのシスターたちは、老人の部屋を訪れ、窓を開け、そうじをし、洗たくをし、悪臭をはなつからだを洗ってやり、そしてそれ以上に、老人にいろいろ話しかけることをはじめた。老人の目に輝きがよみがえってきた。生い立ち、子どものこと、仕事の自慢話……。

そしてある日、老人は、訪れたシスターにマザー・テレサへの伝言をたくした。

「それはね、オキ。あなたがわたしの生活にともしてくれた光は、いまもキラキラと燃えているよということばだった。こんな老人は、ニューヨークでもロンドンでも東京でも、いっぱいいいるんですよ。ひとり暮らしの老人が死後何日もたってから発見されたり、となりに住んでいる人が病気なのに名前も知らなかったり、ね。わたしは、そういう貧しい人に仕えるために、いつでもどこにでも、とんでいきつづけるつもりなのですよ。」

マザー・テレサは、孤独な人、貧しい人への愛をくりかえし説くことによって、わたしたちが豊かさのなかで忘れがちな、わたしたちの心の貧しさを、気づかせてくれたのだ。

⑨

⑨子どもたちに語りかけるマザー。
⑩「神は愛。そして神はあなたを愛しています……。」自身のサインに、神の愛についての言葉をそえる。

⑮

⑭大都市コルカタの中心地の繁華街。ひっきりなしに人と車がいきかう。⑮⑯しかし一方では荒廃した都市の顔があり、不衛生な環境のもとで路上生活をする家族も多かった。

⑬〈死を待つ人の家〉の建物全景。中央手前が入り口、その左右につら

⑬

なるテントはヒンズー教関係の露店。左奥はカリー寺院の塔。

⑪連日、世界中から送られてくる手紙のたば。いそがしく動きまわるマザーを、文書係のシスターが追いかけ、書類や手紙の内容をつたえ、判断をあおぎ、署名をもらい、先方にもどす。
⑫世界各国の支部にも、かばんひとつで旅立つ。見送りのシスターに留守中の指示をあたえながら足早に歩く。

⑫

⑪

⑩

⑯

⑰

⑱

⑲

⑰暑くても寒くても、眠る場所はここしかない。⑱はだかのまま路上に眠る子どもと、布にくるんだ荷物ひとつが全財産の母親。⑲あり合わせの板でつくった小屋は雨と陽ざしをしのぐのがやっと。

⑳

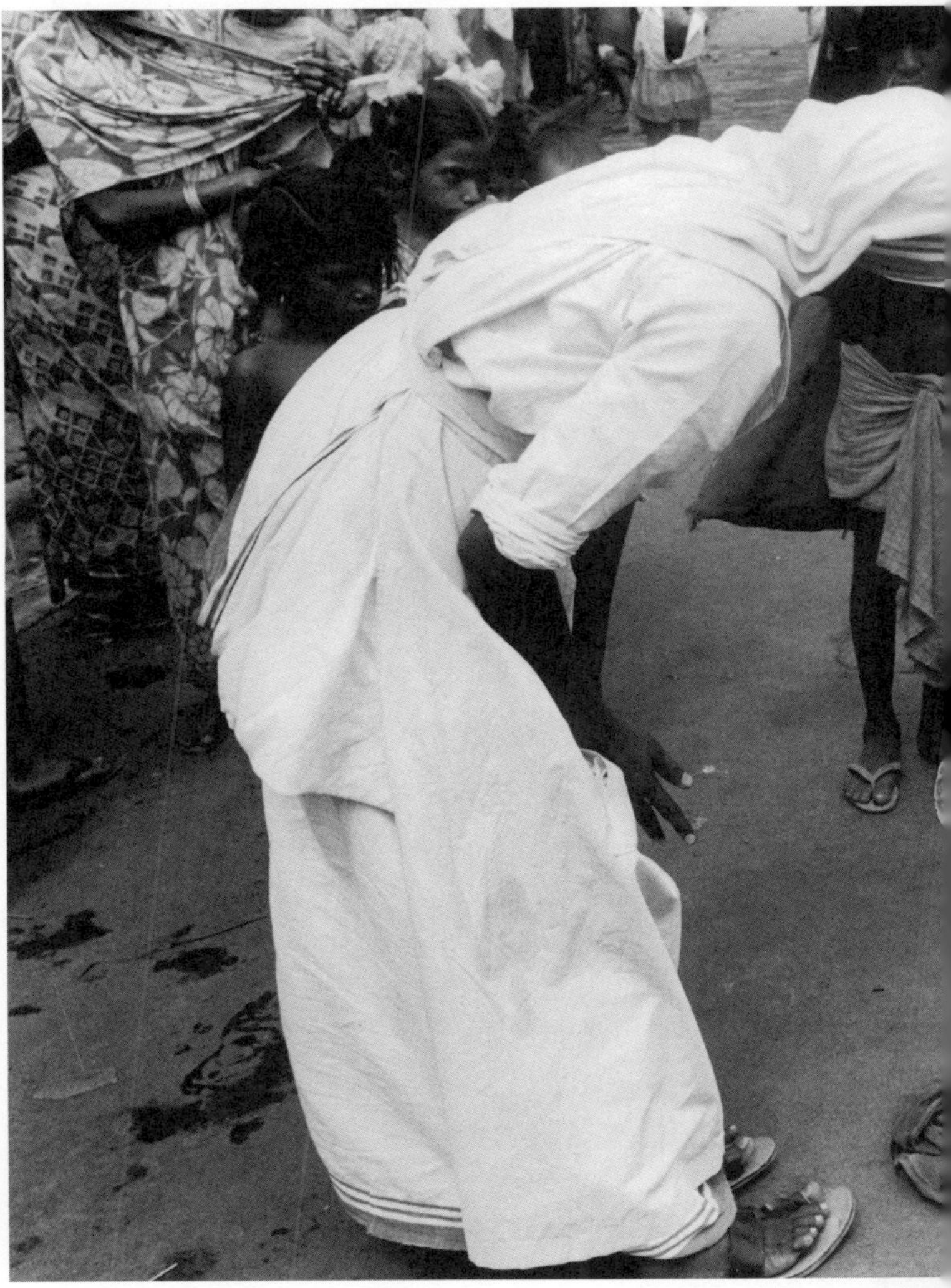

⑳親に見捨てられた子。心はすっかりすさんでおり、シスターがあたえたミルクにも、なかなか手をつけようとしなかった。

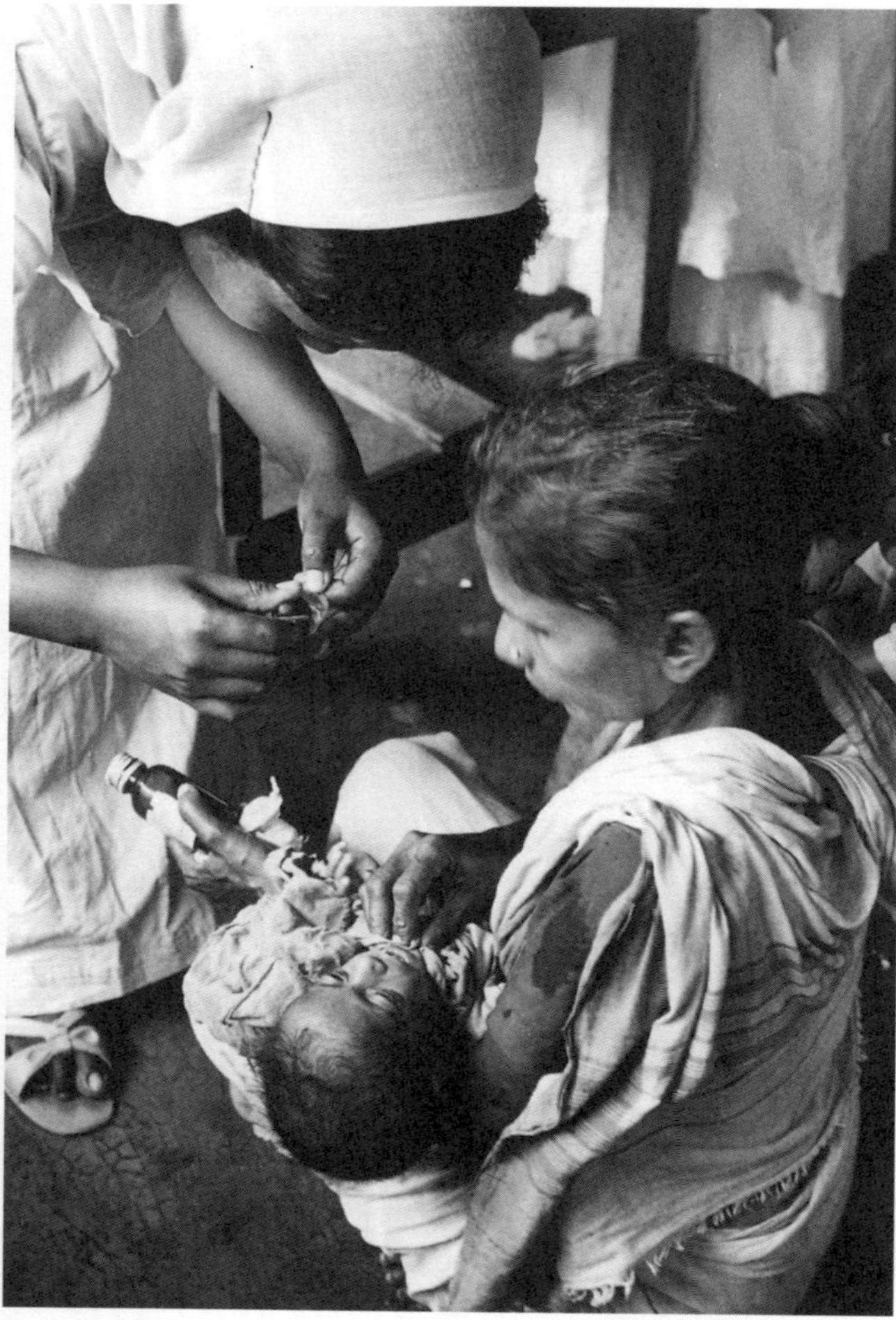

㉑

㉑食べ物もほとんどない。おさない子どもたちには、薬だけではなく栄養剤も必要だ。
㉒コルカタの玄関口シアルダ駅は、難民の終着駅とよばれる。パキスタンからの難民が流れこみ、駅周辺をスラム化した。無料診療には子どもたちをつれた母親の長い列ができる。㉓路上で生活する子どもたちには、まず、からだを洗うことから教える。

㉒

㉓

㉔

㉔からだを洗ったら、つぎは散髪。シスターたちはなんでも自分でやる行動力があり、子どもたちもすなおに従う。

㉕

㉕未熟児の子どもの目に、生きる力がやどってくる。

㉖

㉗

㉙

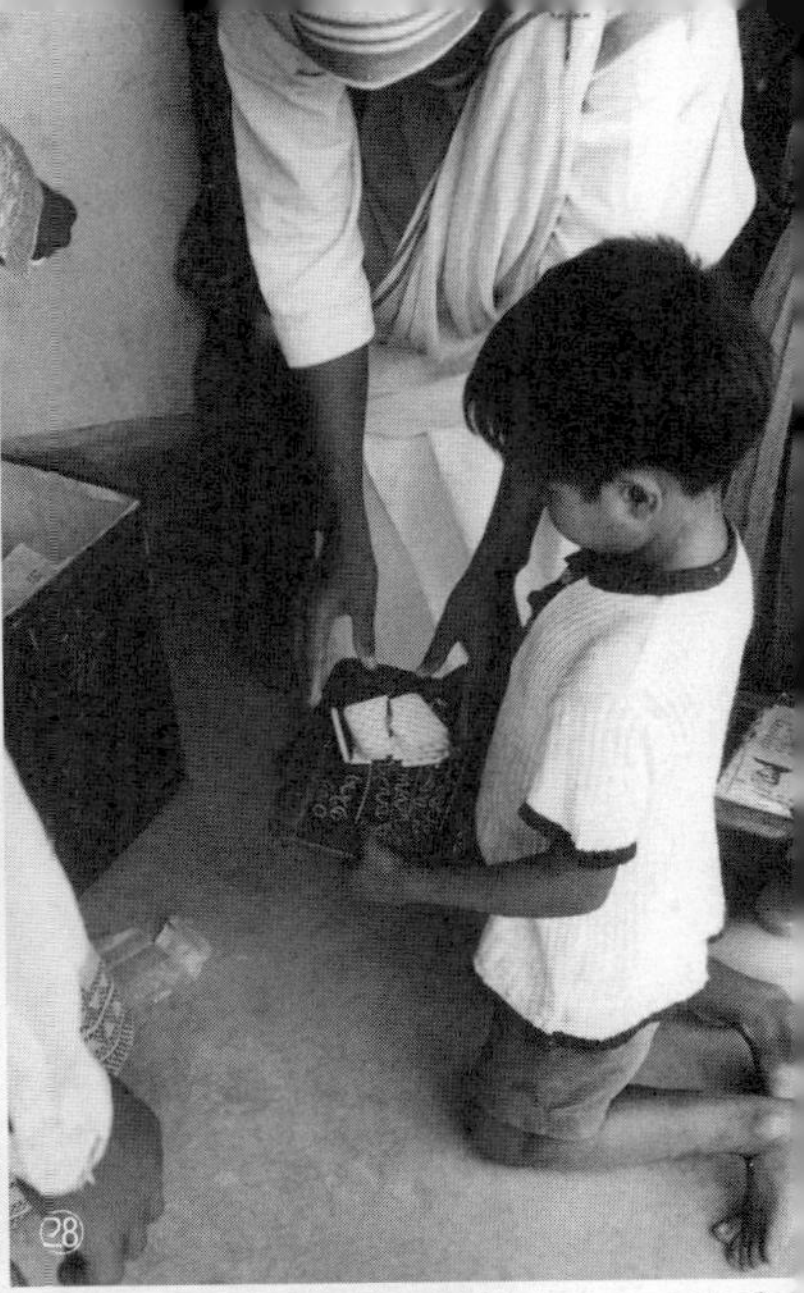

㉘

㉚

㉖プレムダン。「愛の贈り物」という意味のとおり、この大きな建物はイギリスの製薬会社が移転したあと、マザー・テレサに贈られたものである。㉗スラムの子どもたちのための学校。㉘㉙授業が終わると給食がわりにビスケットとミルクがくばられる。ビスケットはわざと割ってあたえる。こうしないと、子どもたちは食べずに持ち帰り、売って現金にかえてしまうからだ。㉚先生はもちろんシスター。生徒たちはここで基礎的な学力を身につける。

㉛

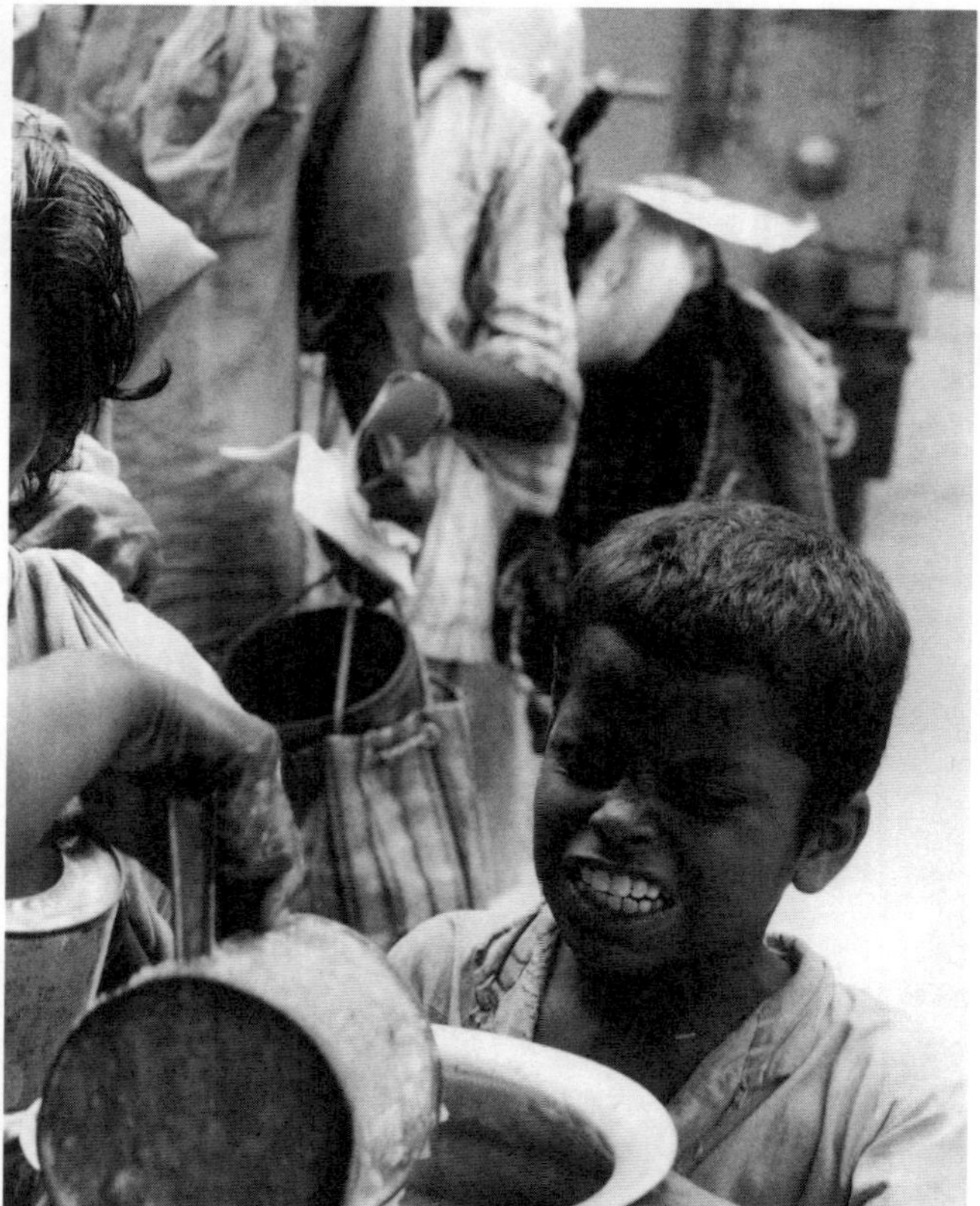

㉛㉜〈聖なる孤児の家〉の中庭では貧しい人たちのために給食活動がおこなわれる。おもに米と豆にカレーを加えて煮こんだ雑炊のようなものが配られる。鍋１杯が、家族５人の１日分。

㉜

㉝

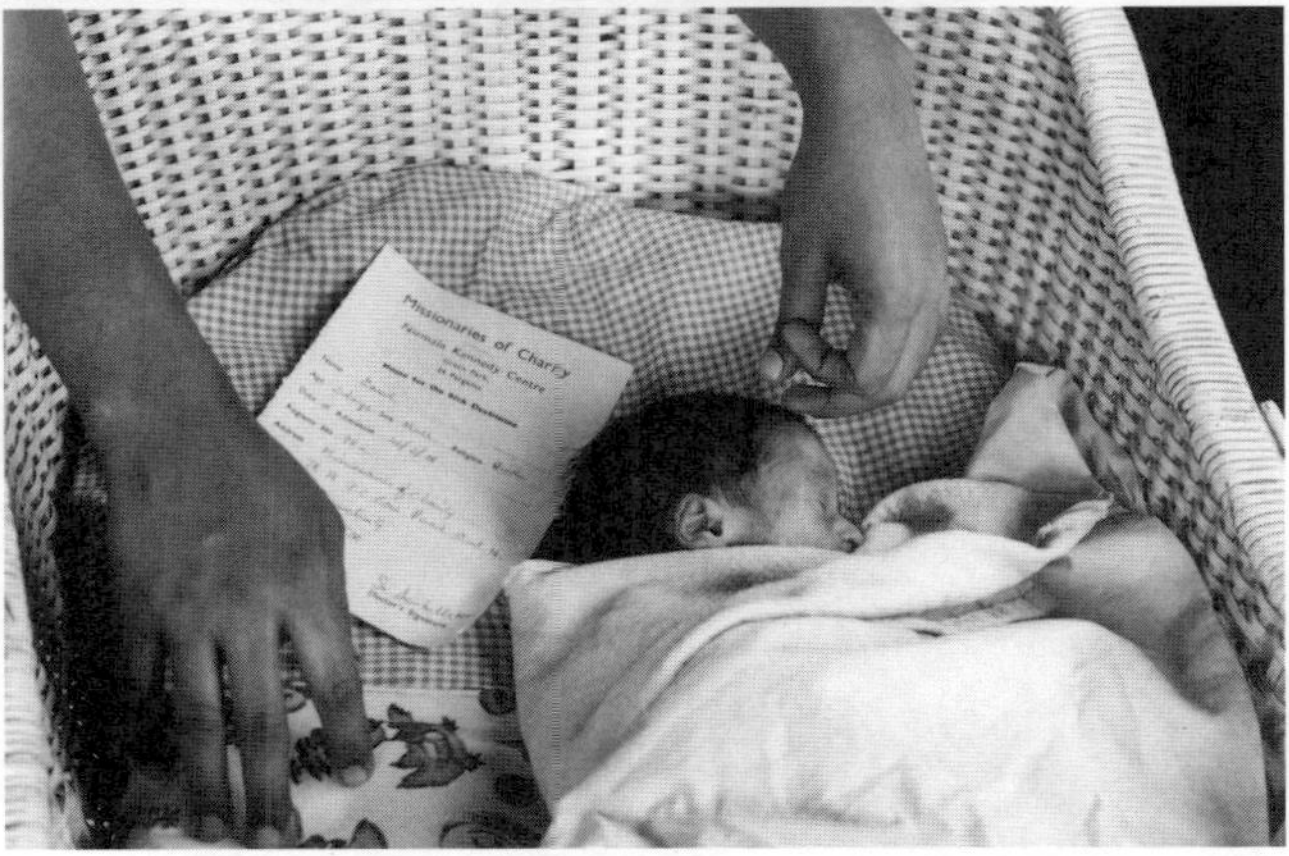

㉝マザーハウスに届けられた赤ちゃん。手厚く看護されたが、３日めに天に召され、死亡診断書の年齢の欄には「３日」と記された。しかしマザーはいう。「たとえここにきて１時間しか生きられなかったとしても、きてもらいたいのです。だれにも愛されず、世話もしてもらえないまま、子どもを死なせてはいけません。たとえ赤ちゃんでも、それを感じるからです。」と。

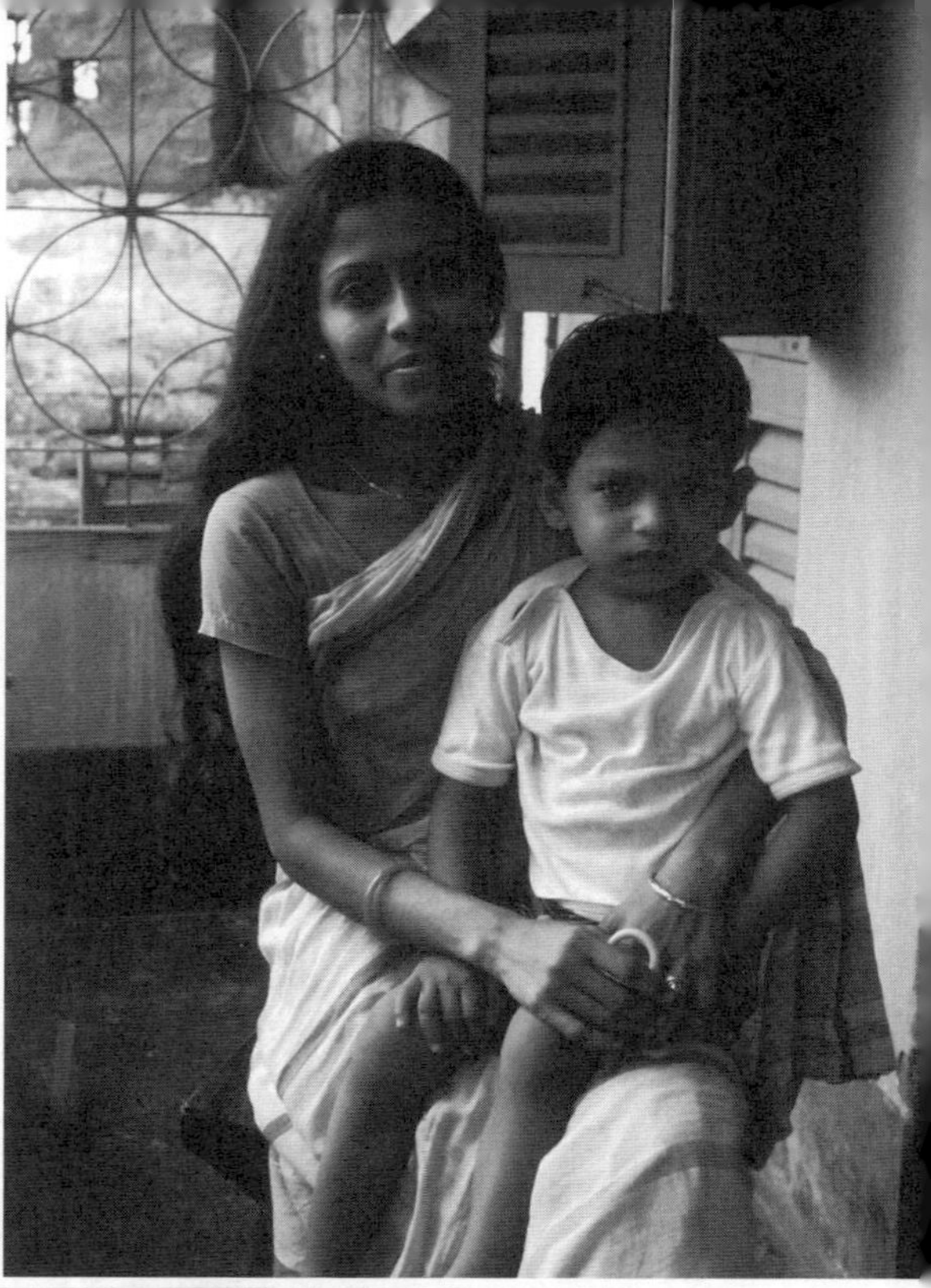

㉞

㉟

㉞成人したミトラ。幸せな家庭をきずき、子どもにもめぐまれた。
㉟中央の男性は、かつてここに引きとられてきた孤児の第1号。優秀なエンジニアになり、結婚して子どももいる。いまも時間をつくっては手つだいにやってくる。
㊱障害のある子どもたちもシスターの愛情をうけ、すこやかに育つ。伝統的な踊りのアクセサリーで両足首をかざり、おしゃれして。

㊲

㊲プレムダンで育てられている、小児まひや知的障害のある子どもたちの食事を助けるのも、見習いシスターたちのたいせつな仕事。

㊳難民の子ども。頭の皮膚病が痛々しい。

㊴〈死を待つ人の家〉の責任者シスター・ルーク。彼女をはじめ、医師の資格をもつシスターもいる。

㊵遺体はていねいに白い布にくるまれる。

㊶市のトラックが遺体をひきとりにくる。

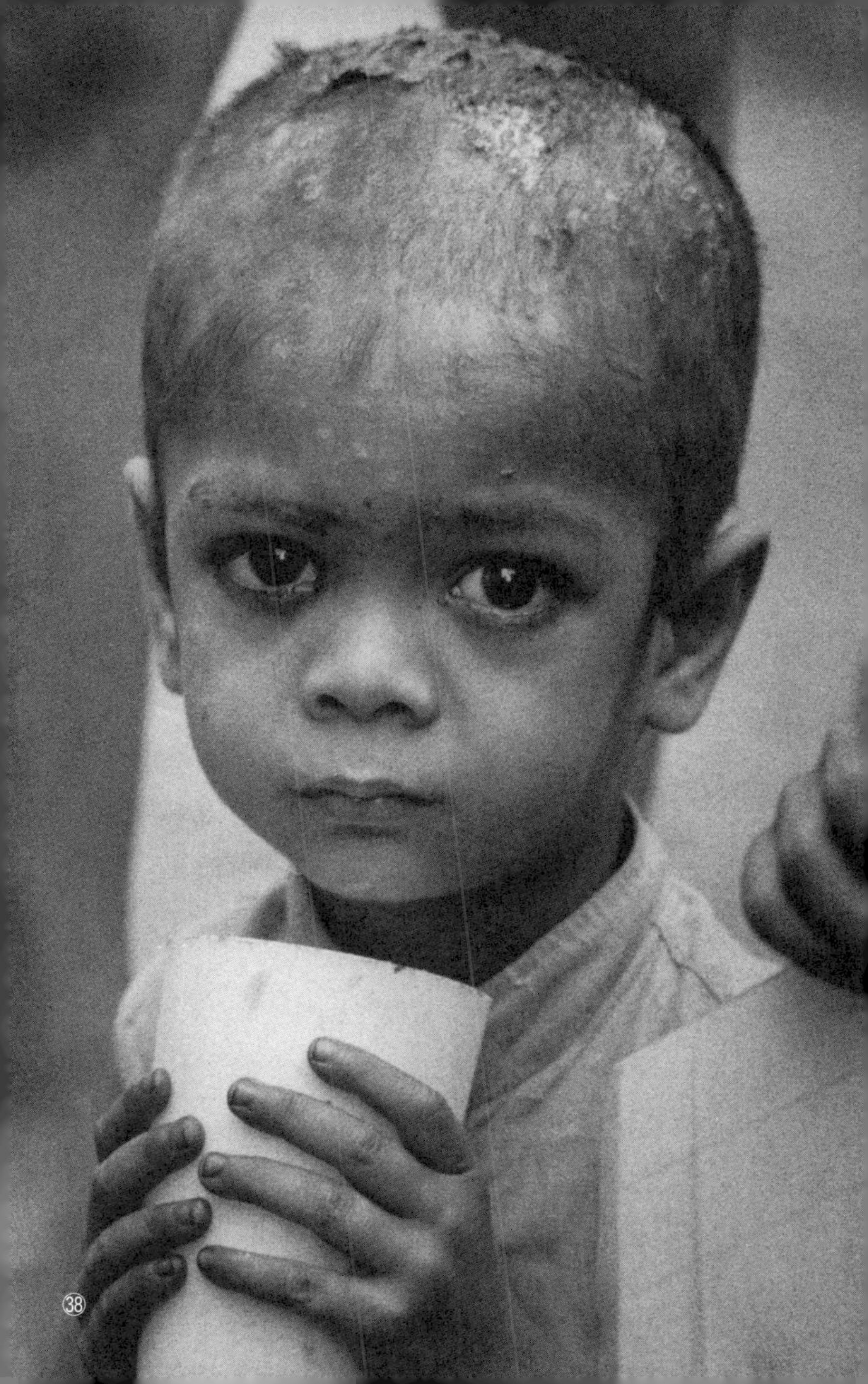

㊳

㊴

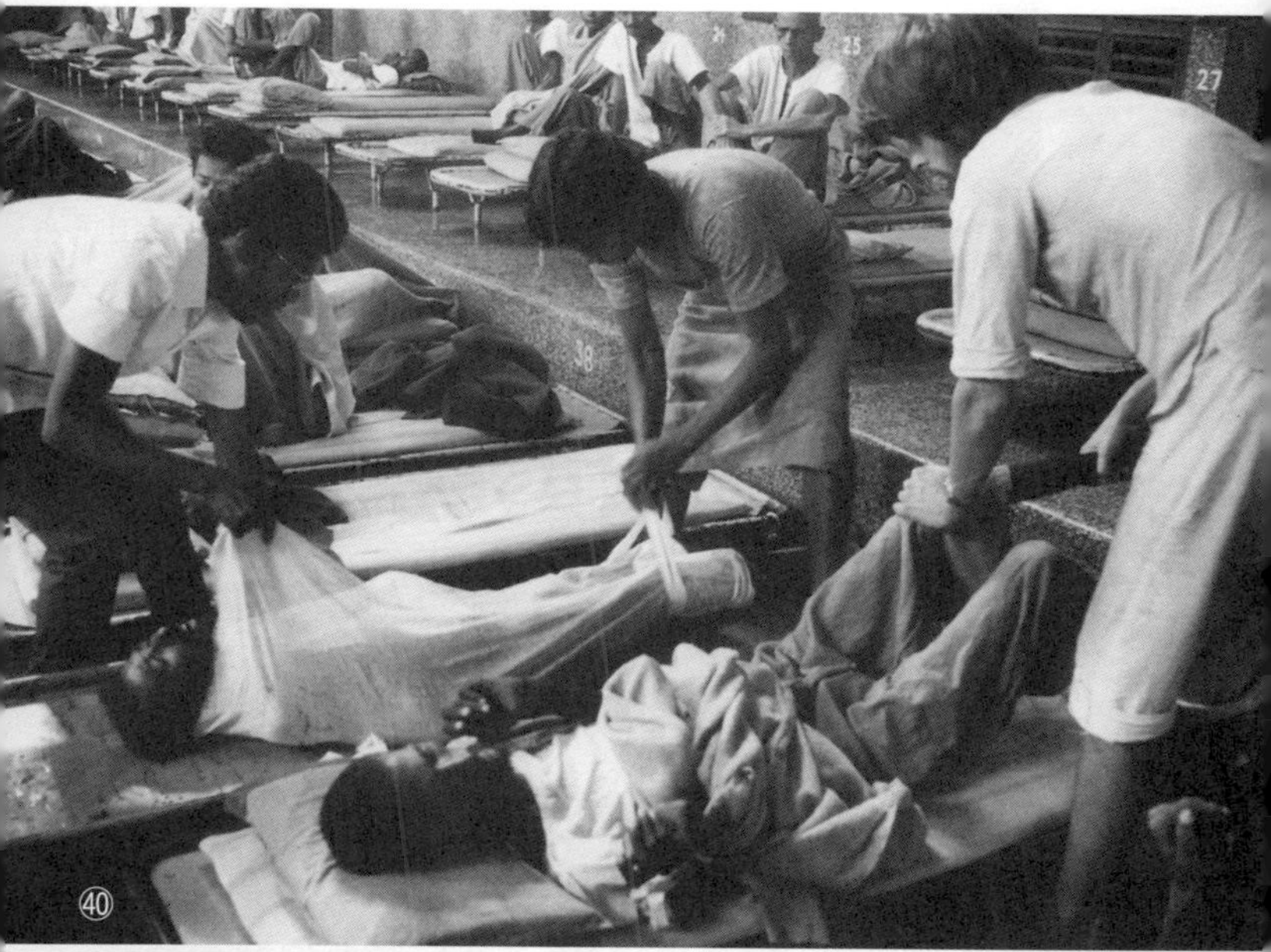

㊵

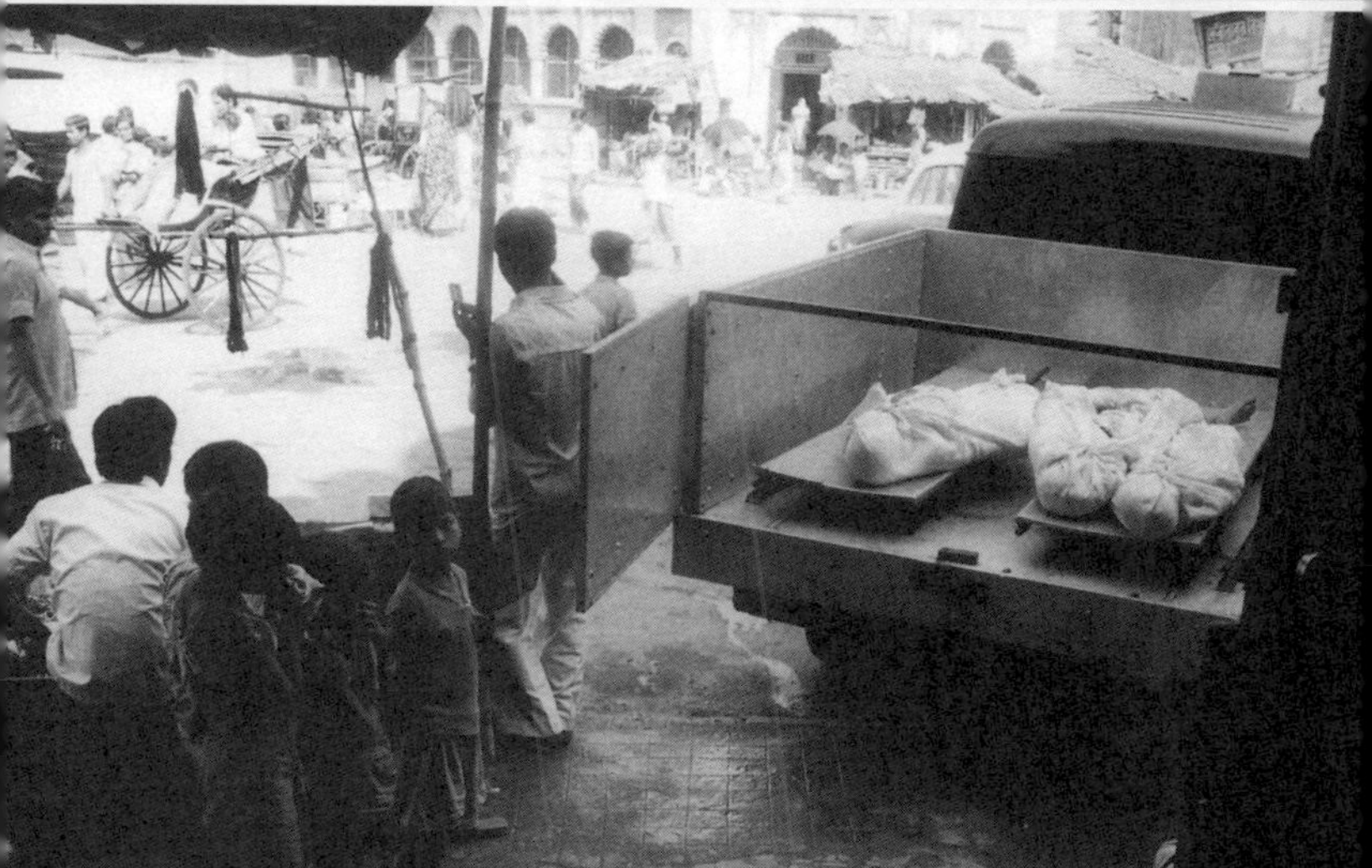

㊶

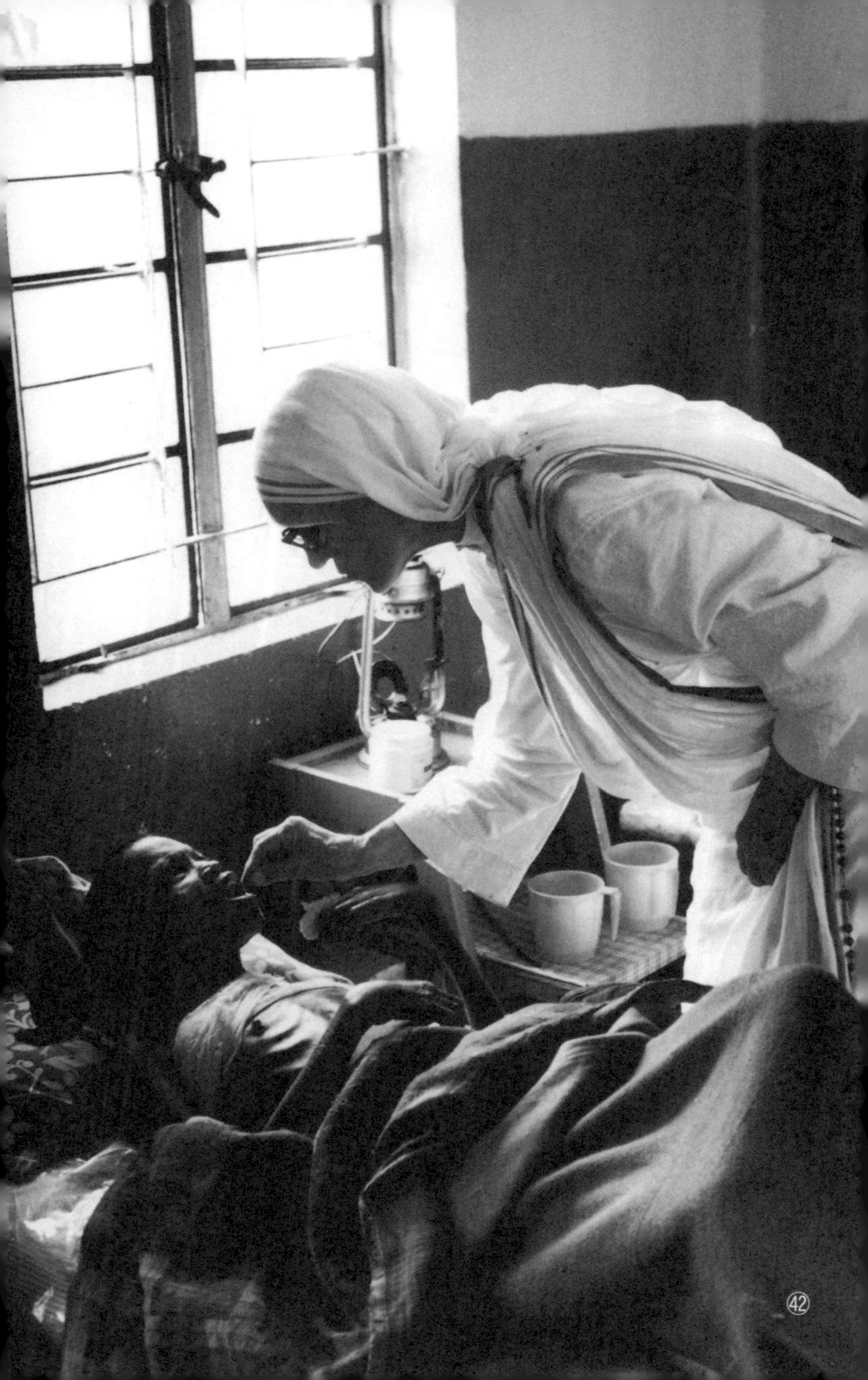

㊷

㊸

㊷ハンセン病患者たちが暮らす〈平和の村〉。病気への偏見と差別から家族のもとを去らなければならない人たちも、ここでは手厚く看護される。

㊸ハンセン病患者の死。連絡しても引きとりにこない家族が多い。そういう場合は本人がヒンズー教徒であってもキリスト教式の土葬にする。生前に親しくしていた子どもたちも参列。

㊹

㊹ココナツの殻というゴミを、お金にかえるアイデアを生みだしたマザー。

㊺それはここに暮らす人たちが自分たちで働いてかせぐという労働のよろこびにもつながるのだ。

㊺

㊻

㊻マザーの目は神をみつめる。

第二章　マザーとその姉妹たち

わたしは、不親切で冷淡でありながら奇跡をおこなうよりは、むしろ親切と慈しみのうちにまちがうほうを選びたいと思います。

『マザー・テレサのことば』より

きく耳を持っている人だけが、プア・イズ・ビューティフルの心がわかる

マザーの修道会のシスターたちの朝は、午前四時の起床にはじまる。三十分後、四階建ての修道会の二階聖堂では、白いサリーを身にまとった数十人のシスターとたくさんの修練生、志願生たちが一日のはじまりの黙想と祈りをささげている。マザー・テレサもいつものように祭壇正面の最後列で、ひざまずいている。

主よ、貧困と飢えのうちに生き死ぬ
世界中の同胞のために働くわたしたちを
そのことにふさわしい者にしてください
わたしをあなたの平和の道具としてお使いください
憎しみのあるところに愛を

争いのあるところに許しを
分裂のあるところに一致を
疑いのあるところに信仰を
誤りのあるところに真理を
絶望のあるところに希望を
闇に光を
悲しみのあるところに喜びを
もたらすものとしてください
慰められるよりは慰めることを
理解されるよりは理解することを
愛されるよりは愛することを
わたしが求めますように
わたしたちは与えるから受け
ゆるすからゆるされ

自分を捨てて死に
永遠の命をいただくのですから
アーメン

マザーたちのとなえるアッシジの「聖フランシスコの祈り」がコルカタの街に朝を告げる。

路上に眠っている人の群れのなかから、上半身はだかの子どもがフラフラと起きあがる。少年の足の裏は靴底のようにかたく、ふくらはぎのあちこちはネズミにでもかまれたのか、血がこびりついている。少年は泥水のなかにポップコーンが何粒か浮いているのをみつけ、泥水ごと飲みこむ。そしてゲッといううめき声とともに吐きだす。

少年のとなりでは、母親らしい女性がまだ眠っている。その汚れた腕にだかれている片腕のない赤ん坊が、火のついたように泣きはじめた。泣き声で、眠っていた人びとはつぎつぎと起きだすが、飢えのためだろう、口もきかず、ただぼんやりと地面にすわりこんでいるばかりだ。ざっとみただけでも、数十人はこえているだろう。眠りからさめても立ちあがることのできない老人たちは、汚れた布にくるまりボロ屑のように横たわったまま、死がつれさってくれるときを待つばかり。はやくも死臭をかぎつけたか、カラスが数羽、まわりをとんでいる。

スラムでも、人びとは眠りからさめはじめている。ビニールの屋根、土壁にかこまれた土間に、朝がまたやってきた。

聖堂の祭壇と壁ひとつへだたった大通りを始発電車が走りすぎると、夜明けである。自動車のクラクション、荷車のわだちの音、そして野菜や果物を売る物売りの声など、街頭のざわめきが聖堂にひびいてくる。コルカタ名物のカラスも、群れをなして鳴きながら、朝のおとずれを告げるかのようにとびかっている。

だが、聖堂のなかでは、なにもきこえないかのように朝のつとめが進み、聖体拝領がおこなわれる。朝のつとめが終わると、シスターたちは聖堂をでて、まるめたそれぞれのマットのわきに小さな机をだし、朝食をとる。メリケン粉を焼いたチャパティと野菜の煮こみ、それに水。質素そのもののメニュー。

食事が終わったマザー・テレサが、食器をかたづけながら、シスター・アグネスに声をかける。

「昨日ね、〈死を待つ人の家〉をでたとたんに、若い男の子に手をにぎられたのよ。」

「ほんと？　どうしてですか？」

「一週間前に、彼の母親が、あの家で天国行きの切符を手にしたんで、そのお礼ですって。」

「では、感謝の気持ちをつたえるためにマザーを待っていたのですね。」

「そうらしいわ。とてもいい日だった。わたしたちは救いをみたようですよ。」

深いシワがきざみこまれた口もとをほころばせると、マザーは、シスターたちが洗たくをはじめている中庭におりていく。ルルドとよばれる岩穴のマリアの像が、シスターたちをあたたかくみまもり、バナナの木の葉は、今日も暑くなることを知らせるように濃いかげをつくっている。

シスターたちは、バケツに手押しポンプで井戸水をくみ、洗たくをはじめている。バシッ、バシッという、サリーのたたき洗いの音以外はほとんど物音はきこえない。ただ、シスターひとりひとりの笑顔に朝日があたり、静かだがあたたかい雰囲気をかもしだしている。

「さあ、みなさん、洗たくが終わったら、お仕事お仕事。」

マザーは明るい声でそういうと、自分の仕事部屋がある二階にのぼっていく。洗たくを終えたシスターや修練生たちは、グループにわかれて中庭をぬけ、路地に通じる扉から、それぞれの持ち場へとむかっていく。

ぼくはマザー・テレサにともない、〈死を待つ人の家〉にいくシスターたちといっしょに、赤十字のマークのついたトラックに乗り、カリガートにむかった。車が走っているあいだじゅう、シスターたちはロザリオを手にただひたすらに祈りをささげている。チラッとでも外をみることはしない。

主よ、貧困と飢えのうちに生き死ぬ
世界中の同胞のために働くわたしたちを
そのことにふさわしい者にしてください

……………………………………………

時刻はまだ午前七時半をすこしまわったところだが、コルカタはすでに喧噪のなかにある。人力車や荷車がいきかい、物売りたちの売り声が交錯し、スラムから飢えた人びとが物乞いにでてきていて、シスターたちが到着するころには、カリガートのせまい道路は人の群れでごったがえしている。

本部での仕事や、ほかの施設もまわらなければならないので、マザーがここにやってくるのは久しぶりのことだ。

マザーは車をおり、入り口を入ったところにあるマリア像にお祈りしてから、ゆっくりとした足どりで女子病棟のなかに入っていった。

骨と皮だけの手をあげ、懸命になってマザーになにかを訴えかけようとしている老婆がいる。マザーはベッドのそばにすわり、老婆の手をにぎる。

「わたし、参詣にきたんです、カリー寺院に。」

「そう。それでそのまま倒れてしまったのね。」

「ええ。だから、早く家に帰らなければ。」

涙をこらえていたらしい老婆が、耐えきれなくなったのか、細い手で顔をおおった。マザーは、ゆっくりと老婆の背中をなでながら、まるで母親のような口調で一語一語かんでふくめるように語りかける。

「おうちはどこなの？」

「バ……バラクプール。」

「ずいぶん遠くからお詣りにきたのねえ。それであなた、家族は？」

「息子夫婦と孫が七人……二人死んだから。」

「そう。ねえ、あなた、あなたにいまいちばん大事なことは、まずからだをなおすことなのよ。おうちには、わたしから手紙を書いてあげますからね、安心して養生しなさいね。」

だが、老婆は不安だったのだろう、その老いた瞳にはとめどなく涙がうかび、手はブルブルとふるえている。ぼくは、ああ、この人の家族はたぶん連絡してもむかえにはこないだろうな、と思った。事実、老人の参詣者で行き倒れとなった場合のほとんどが、家族はむかえにこないままになっているのである。ぼくは、あとでマザーに、ぼくの推測があたっていたかどうか、マザーはどう思ったかきいてみた。マザーはいった。

「そう、わたしもオキとおなじことを感じましたよ。この人は他人にも家族にも望まれていないのかもしれないと思いました。だからわたしは、この人のために、ベストをつくしてあげようと誓ったのですよ。」

マザーの静かな口調はかわらないが、ぼくには心なしか沈痛な思いがこめられているように思えた。

むせび泣く老婆の背を、なおもやさしくなでてあげているマザーのそばに、この施設の責任者であるシスター・ルークがそっと近づいてきた。

「マザー、24番の人がいま天国へ……。」

「はい。」

マザーは、老婆に元気をだすようにね、と声をかけて、足早に24と書かれたベッドにむかう。そこにはひとりの老婆が危篤状態で横たわっている。昨日、ウジのびっしりわいたからだではこびこまれて、からだを洗い、カンフル注射をうち、点滴をつづけていたが、いかんせん体力の消耗がひどすぎるという状態。

「さあ、元気をだすのよ。わたしはあなたに生きつづけてほしいの。あなたはこの世に生をうけてきた、大切な、大切な人なんですよ。」

マザーは老婆の力なくだらりとたれた手をにぎり、焦点をうしなって虚ろになっている瞳をじっとみつめていた。マザーの声がとどいたのか、むしの息をしていた口がゆっくりとひらいて、ことばをおしだしてきた。

「あ……。」

マザーが、「さあ、しっかりするのよ。いってごらんなさい。」と、はげます。老婆のことばが、とぎれとぎれだが、ひとつのことばになった。

「あ……りが……とう。」

老婆の目はとじられ呼吸はとまった。今際の際に、はじめて人間としてみとめられたことへのよろこびの声が、ぼくの耳にはいまも鮮明に残っている。ぼくは、マザーたちが祈りをささげているうしろで、老婆の辛く長かったであろう人生の旅路を思い、マザーたちがこの家で「死を待つ人びと」になにをあたえているかを肌身で知ったような思いをいだいた。

「プア・イズ・ビューティフル」とは「きく耳」をもつことだ、というマザーのことばが、あのときよりもっと実感をもって、ぼくの心に溶けこんでくる。

「マザー、ベルギーからきた若い女性が、仕事を手つだいたいといっているのですが……。」

シスター・ルークが、そっと声をかけた。たったいま天国に召されていった老婆をじっとみつめていたマザーは、もう一度お祈りをすると、緊張で上気した顔で立っている若い女性に近づいていった。ぼくは、たったいま死をむかえた老婆と、生き生きとした若い女性とのコントラストがあまりにも截然としていて、あやうく精神のバランスをうしないそうになったが、マザーには、そんなセンチメンタルさはまったくない。

この家では、ちょうど、シーツのとりかえ、からだの清拭が終わって、食事の時間。シスターたちが、患者ひとりひとりにつきそって、食事を口にはこんでいる。

「マザー・テレサです。ようこそ。」

旅の少女をみやるマザーの瞳は、実の孫娘をみるようにやさしく慈愛にみちている。

「はじめまして。旅行者が突然でごめいわくかもしれませんが、なにかお手つだいができればと思いまして……。」

「それはありがとう。シスターにきいて、どうぞこの人たちにあなたの愛をあげてくださいね。」

いくらか上気して赤い顔をしている少女は、マザーと両手で握手すると、18と書かれたベッドにむかう。ぼくも、18番のベッドにそっと近づいていった。

少女は、ベッドに寝たきりの女性に、雑炊をスプーンで食べさせながら、小声で話しかけている。

「わたしね、ベルギーからきたの。インドは二度めだけど、ここで手つだうのははじめてなの。だからあまり上手じゃないけれど、一週間あなたのところにくるわね。ううん、いいのよ、あなたはしゃべらなくても。わたしが勝手にあなたに話しかけるから。」

おそらく少女のことばは、インド人の女性にはほとんど通じていないだろう。しかし、少女は語りつづける。

「わたしの育ったところはね、ブルージュといってとってもきれいなところ。お城があって、そのまわりを川が流れていて、岸にはきれいな花が咲いていて、ちょっと離れると畑や森があってね。はい、もう一口、そう、もう一度ね、フフフ。」

少女の微笑につられたように、ベッドの女性の口もとがほころんでいる。瞳も明るくなっているように、ぼくにはみえる。いつのまにかぼくのうしろに立っていたマザーが、そっとささやいた。

「オキ、18番の女性の顔、みている？　彼女にはパンへの飢えもあるけど、それよりももっと強く、愛とか親切な心、思いやりの心に飢えているのよ。だから、みんな苦しんでいるのよ。あの若い子は、その飢えをみたしてくれているのよ。」

マザーは、食事をつづけさせている若い旅人をやさしくみつめ、大きくひとつふたつうなずくのだった。

食事が終わると、施薬がはじまる。何人か見習生が集まって小声で話しあっている。マザーが「どうしたの？」と声をかける。

「あっ、マザー。すみません。薬の調合がよくわからないものですから、それで……。」

「そういうときはほら、あそこにいらっしゃるボランティアのドクター・ダヤルにおききなさい。あなたたちが何人集まっても、あの人の知識には勝てませんよ。」

ユーモラスなマザーの口調に、若い見習生たちがいっせいに、わっとふきだした。

「ぼくを呼んだようですね。」

白衣のドクターが、笑いながら近づいてくる。

「この子たちにあなたの優秀な知識をわけてやってくださいな。なにか薬のことで困ってるようだから。」

「はい、わかりました。」

「ただし。」と、マザーは茶目っぽい表情になった。「すべての見習生に平等にね。」

とたんに、はじけるようにまた笑い声がおきる。ひっそりと死を待つ人びとがいる場所とはとても思えないほど、部屋中がパッと明るくはなやいだ雰囲気になる。18番のベッドでも、ベルギーの娘とインドの女性が、顔をみあわせて笑っている。気がつくと、ぼくも笑っていた。笑いといっしょに、ぼくの心にあったこれが〈死を待つ人の家〉だという深刻な悲壮感めいたものは、どこかに消えていくように思えた。笑い声は部屋中にひろがり、そしてそれは、みんなといっしょに笑っているマザーの笑顔のなかにまたすいこまれていくように、ぼくには思えた。

どれほど貧しい人に借りがあったか、天国にいってはじめてわかる

マザー・テレサの街コルカタは、インド最大の都市、商工業の中心地である。ガンジス河の支流フーグリ河を百三十キロさかのぼったところにあり、ムンバイ、チェンナイとならぶインドの三大貿易港の一つでもある。

かつて、イギリスが東インド会社の拠点をコルカタにおいてインドを支配した日々をほうふつとさせる、白亜のヴィクトリア記念堂、博物館、大富豪の贅をつくした大邸宅、東洋一の競馬場。市の中心にある広大な公園は、池をめぐって緑の芝生が陽光に輝き、フーグリ河畔にいたればかなたの地平に聖なる落日をみる。すべてがきわめてヨーロッパ的である。

だが、その美しい風景から街に目を転じてみれば、コルカタは貧しき人びとの群れであふれているのである。一九四七年のインド・パキスタン分離、それにつづく印パ戦争で多

くの難民が流入し、さらに七一、七二年とつづいた大洪水、干ばつなどの天災で土地を捨てた農民たちが、大量にこの大都市に流れこんできた。毎日、二千人の難民がハウラ駅、シアルダ駅を、その流浪の旅の終着駅とした。もちろん、彼らに行くあてなどあろうはずがない。ただコルカタにいさえすれば、物乞いをしても食べる物にはありつけるだろうと、そんな思いでここにたどりついた貧しい人たちが、みたされぬ飢えとたたかいながら、駅の構内で夜露をしのいでいる。

市街の一部はあっという間にスラム化し、そこにすら入れない路上生活者は、路上で子どもを産み育て、その数はとどまるところをしらずふくれあがっている。

貧しき人びとの母、マザー・テレサの修道会〈神の愛の宣教者たち〉は、市の中心部に近く、スラム街を背後にひかえた場所にある。入り口は路地を入った右側、崩れかけた三段の石段をのぼったところ、「マザー・テレサ」と書かれた小さな表札がかかっている。その下に、「イン」「アウト」とあるのは、マザーの「在」「不在」を外部の人に知らせるためだ。内部は、一階が中庭と応接間、二階が聖堂、三、四階がシスターたちの宿舎。

ここから歩いて五分のところに、シスター・ポールが働いている〈聖なる孤児の家〉がある。

シスター・ポール、インド美人のシンボルのような彫りの深い顔、黒曜石のようにキラキラ輝く美しい黒い瞳の女性は、毎朝、松葉杖で不自由な足をささえながら、修道会から〈聖なる孤児の家〉まで歩いている。

七年前まで、シスター・ポールは、小児まひで動かぬ足を呪い、世をすねていたひとりの少女にすぎなかった。デカン高原の富豪の家に生まれ、敬虔なヒンズー教徒である両親のあたたかい愛情を一身にうけ、なに不自由なく優雅に暮らしていたポールは、なんの前ぶれもなくある日突然不幸のドン底にたたきこまれたのだった。

動けない自分はもはや、世の中にとってはよけい者なのだ、生きている価値のない人間なのだ。ポールにとっては世の中のすべてが、かつてはあんなに美しいと感じていた花々ですらが、憎しみの対象となった。両親の愛情や友人のはげましも、ポールにとっては醜い自分を嘲笑しているとしかうけとれなかった。

「わたしは死んだほうがいいんだわ。」と、たえず思いつづけていたポールは、十七歳になったとき、偶然一冊の本を手にする。マルコム・マゲッリッジというイギリスのジャーナリストが書いた『Something Beautiful for God』（邦訳『マザーテレサ〜すばらしいことを神さまのために〜』女子パウロ会刊　沢田和夫訳）という本である。

自分はよけい者だ、だれも自分を必要としているものはいないのだ、世の中はみんな自分を嘲笑っているだけだ、と、かたくなに自分の殻にひきこもっていたポールにとっては、マザー・テレサのことばはまさに衝撃的だった。

マザー・テレサは、こういっていたのだ。

「今日最大の、いちばんひどい病気は、ハンセン病でも結核でもなく、自分はいてもいなくてもいい、だれもかまってくれない、みんなから見捨てられていると感ずることである。最大の悪は、愛の足りないこと、神からくるような愛の足りないこと、すぐ近くに住んでいる近所の人が、搾取や、権力の腐敗や、貧しさや、病気におびやかされていても無関心でいること。……病気の人、苦しんでいる人にとって、この会の人がいたわりと慰めの天使でありますように。街の小さな子どもたちにとっては、小さい人の友、あのおかたを思いださせるような人となり、小さい子たちがしがみついてくるようでありますに。わたしどもの貧しさの生活は仕事にも劣らず必要である。どれほど貧しい人に借りがあったか、天国にいってはじめて、わかる。彼らのことで、もっと神を愛することを教えられたということのために。」

マザー・テレサのこのことばに接して、ポールは、自分がマザーのいう「いちばんひどい病気」のとりこになっていたことを、はっきりと知ったのだ。ポールはあらためて、自分の過去をふりかえってみた。自分には、愛情深い両親、激励してくれた友人、そして恵まれた生活があった。自分は貧しさや無関心におびやかされていたわけではないのだ。思いあがっていたのだ。この世の中には、自分など比較にならないほど不幸な人がたくさんいるのだ。その人びとのために働けば、わたしは、よけい者ではなくなる。

もし、自分が貧しい子ども、孤児であったならば、はたしてこの不自由な足で生きていけるだろうか。わたしは裕福な家庭で育ったから勉強ができ、だからマザー・テレサに出会うことができたのだ。マザー・テレサの協力者になろう。そうして、自分より不幸な子どものためにつくそう。それがわたしをここまで育ててくれた両親への恩がえしでもあり、また、自分を真の意味で生かすことにもなるのではないだろうか。

修道女となることは、家族との絆をいっさい断つことだけれども、それが、自分がこの世に生きたことのあかしになるのならば、その道を歩むべきなのだ。

ぼくは、「なにも修道女にならなくとも、人それぞれの立場でなすべきこと、できることはいっぱいあるでしょう。」とシスター・ポールにいったが、彼女は微笑しただけでそのことにはなにも答えてくれなかった。

「親ごさんは、賛成してくれたのですか。」と、ぼくはたずねた。

シスター・ポールは、「いいえ。」と首を振った。「たいへんでした、説得するまでが。父は、わが家はヒンズー教徒だと宗教のちがいを理由に強く反対するし、母はわたしたちを捨ててまで、マザーのところにいきたいのかというし。」

しかし、両親の説得も、飢えて貧しく、自分よりもっと見捨てられている人びとのために、肉体も心も、すべてをささげるのだという意志のまえには無力だった。ついに両親も彼女が修道女となることを認めた。

「わたしがここにくるとき、新しい松葉杖を贈ってくれました。」

そういったとき、シスター・ポールの美しい瞳に両親をなつかしむような色がうかんだとみたのは、ぼくが信仰ということにどうしても違和感をいだき、理解できないせいだったろうか。ぼくには、わからない。

ぼくは、シスター・ポールの仕事を取材しようと、彼女といっしょに〈聖なる孤児の家〉にいく。〈聖なる孤児の家〉に着いたときには、となりにある給食広場はもう、給食カードと鍋を持ち、やせた赤ん坊をだいた女たちが長い行列をつくっていた。

「おはよう。」

鍋をかかえた五歳ぐらいの子どもが声をかける。おはようと返事をしたポールは、「母親が病気で動けなくなったのでしょうね。」とぼくにいった。

ポールの仕事は、〈聖なる孤児の家〉の事務、とくに世界各国から申しこまれる養子縁組について手紙を整理したり返事を書いたりする仕事だ。足が不自由だから、直接子どもの世話は無理なのだ。子どもたちの部屋は二階にあるし、松葉杖をついてでは、二階への階段はのぼれない。

だが、この日はポールにとって、とても大きなできごとがあった。

いつものように、机のそばに松葉杖を立てかけ、椅子に腰をかけた瞬間、二階の幼児部屋から「ギャーッ。」という悲鳴がきこえ、そして「早く！　だれかきて！」というシスターの人を呼ぶ声がきこえてきた。なにかたいへんなことが起こったのか？　火事？　まさか。ポールは松葉杖をつかみ階段の下までいった。子どもの泣き声はますます大きくなっている。ポールは、松葉杖を捨て、階段の手すりをつかんで、腕の力だけでからだをずりあげようとしはじめた。額には汗が吹きだし、喘いでいる。

　ついにポールは階段をのぼりきり、はうようにして幼児の部屋にたどりついた。すでにかけつけていた数人のソーシャル・ワーカーが柱に頭をぶつけ後頭部から血を流している子どもの手当てをしていた。

「シスター、……大丈夫ですか。」

　喘ぎながら問うポールの声に、おどろいたのは彼女たちだった。

「シスター・ポール……。」

というだけでつぎのことばがでないまま、彼女たちはポールをささえ、サリーの汚れをはらい、額や首筋の汗をぬぐいとってやる。

　ぼくは、給食広場を取材していたので、現場をみることはできなかった。だが、あとでこの話をきいたとき、マザーのいった「わたしたちの仕事は、だれかに惜しみなく愛をあびせることです。」ということばを思いうかべていた。

松葉杖がなければ歩けないポールは、いま、自分のできるかぎりの愛をあたえるために松葉杖を捨てて、ここまできたのだ。彼女にとってこの行為は、惜しみない愛のよろこびの貴重な体験だったのだ。ぼくはそんな想像をしたのだけれども、シスター・ポールにそれをたしかめることはどうしてもできなかった。もしきいたとしても、ポールはなにも答えないだろう。いや、あるいは、「わたしはわたしのやるべきことをしただけ。」といって、あの美しい微笑をうかべるだけかもしれない。ぼくが想像したことは、あくまでも彼女の心のよろこびなのだから。

貧しい者は、金持ちよりも美しい顔でよく笑う

ぼくが会ったもうひとりのシスターについて話しておきたい。

シスター・ドリス。彼女もシスター・ポールとおなじように、インドでも屈指の実業家のお嬢さんだった。

インドの中流、上流家庭の生活は日本とは比較にならないほど豊かである。大邸宅に住み、数人の使用人をかかえている。子どもはミッション・スクールに車でかよう。もちろん運転手つきだ。そんな恵まれた家庭のお嬢さんが、なぜかマザー・テレサの修道会のシスターには多い。ほとんどがそうだといってもいい。

なぜ、彼女たちは、豊かな生活を捨て、あえて「苦しさの極限によろこびを求めよう」とするのか、ぼくにはどうにも納得がいかない。マザーのヒューマニズムに感動してか、貧しい人とあまりにも格差のありすぎるみずからの生活に疑問を感じてか、人生にある意味で絶望してか、乙女の潔癖な正義感からか、家庭の不和で……いくらでも理由らしきものは考えられるが、どれも、これが決定的だとはぼくには思えない。先のシスター・ポールの場合は、小児まひという転機があったということで、なんとか納得できるが、それでもうひとつわからない。

彼女たちが、献身的であればあるほど、ぼくのわからなさは大きくなっていく。

ぼくが、シスター・ドリスに会おうと思ったのは、もしかするとその疑問の答えを、彼女の話からみつけだすことができるのではないかと思ったからだ。

「あなたが、マザーの修道会にひかれたのはどういうきっかけがあるんですか。」と、ぼくはきいた。シスター・ドリスは語りはじめる。

「車で学校にかよっていたある日、路上にうずくまっている老婆を、マザーの修道会のシスターがはこんでいくのを目撃したのが、最初でした。マザー・テレサの活動のことはきいていたけど、みたのははじめて。そのとき、シスターがわたしをみてにっこり笑って会釈してくれました。青い三本線の入った白いサリーの修道女が、貧しい人に奉仕している姿に、わたしは、とてもロマンチックな夢物語をみているような感じでいっぱいでした。」

だが、母は彼女の話をきくと、今後は貧民がいるところをとおってはいけないと、運転手を激しくしかった。つぎの日も、彼女は、シスターたちが働いている道を、両親にないしょでとおった。

ドリスはシスターにあこがれた。シスターがどんな仕事をするのかわからなかったが、自分も貧しい人のなかに入っていってその人たちのためにつくすべきではないかと思いはじめたのだ。彼女は、両親にかくれて、カトリックの本やマザー・テレサの本を読んだ。何度か、スラムを歩いてみた。物乞いに集まってくる子どもたちに食べ物をやったこともある。きれいな瞳をした子どもたちは、食べ物よりもいっしょに話したり遊んだりすることのほうをよろこぶことも知った。

シスターになろう、シスターになって貧しい人たちといっしょに暮らそうという思いはしだいに強くなり、高校卒業のころには、確固たるものになっていった。

八年前の春、ドリスは、コルカタのスラム街をとおりぬけ、マザーの修道会のまえに立った。猛反対した両親と激しいいさかいの末、家をとびだしてきたドリスにとっては、いまは案内を乞う鎖を引く以外に道はない。

「もちろん、両親、家庭、なに不自由ない生活のすべてを捨てるのですから、ためらいがなかったとはいえません。でも、わたしは決心していたから。」

ウーン、とぼくはうなった。シスター・ポールのときにも感じたことだが、やはりぼくには、シスター・ドリスの決意も、もうひとつ合点がいかないのだ。ぼくがそういうと、シスター・ドリスは笑った。

「大切なのは、貧しい人とともに一生をすごすという決心です。その決心ができれば、どうして、という具体的な理由なんか小さなことです。だって、ひとつひとつをあれこれ考えていると、みんななんとか解決できるじゃないかということになって、決心もくずれてしまいますよ。オキがわからない、というのはそのことでしょう。」

りっぱすぎる、あまりにりっぱすぎて、ぼくにはわからない。

しかし、ポールもドリスもなにも語ってくれないのだから、これはぼくがこれからの彼女たちの活動を追いかけ、考えていくことでしか、わかりようがないのだろう。ぼくは、そう思い、シスター・ドリスに、つづけて体験を話してくれるよういった。

「マザーがね。ドリス、お話はきいてます、とてもすばらしいことですよ。貧しい人のなかの一番貧しい人にすべてをささげるしあわせを一日も早く感じてくださいね、といわれたとき、わたしは自分はまちがってなかったと思いました。でも……。」

シスター・ドリスは、フッと苦笑した。「わたしは貧しい人につくすといってもどうしていいかわからないし、修道女の厳しい生活に耐えられるかどうかもわからない。だから、きいたの。」

「なにを？」

「ダンスをしたり、みんなでうたいたいなと、つい思ってしまうことがあるんです。そんなわたしでも貧しい人のためにつくせるでしょうかって。」

　マザーはやさしく微笑み、まず祈ることからはじめなさい、といったという。祈りは心をひろくするから、祈りつづければ、いつかはダンスや歌よりもっとよろこびにあふれるものをみつけるだろうと。

　六か月間の見習生として〈神の愛の宣教者たち〉に入ったドリスは、貧しい人びとが着ているものとおなじ粗末な白い三枚のサリー、信心書、それに洗たく用のバケツをあたえられた。私物といえばそれだけであった。

　マザーの修道会では、六か月の見習い期が終わるとつぎの六か月は志願期、そして二年間の修練期という順でシスターに近づいていく。

　ふつうの修道会では、見習生にはスラムでの仕事はさせないが、マザーの修道会では、もっとも貧しい人のなかで報酬を期待しないで仕えることができるようにと、この時期からスラムの仕事をさせる。

ドリスたち見習生は、午前中の奉仕活動が終わり昼食をすませると、英語やキリスト教理の学習をはじめる。そして午後の奉仕、祈り、夕食、夜の祈り、午後九時半には就寝という毎日の生活は、ドリスにとっては快適で、奉仕し祈りをあげる一日ごとに、心が豊かにみたされていくのを感じとることができた、という。

こうして、くじけることなく、初心をつらぬき、見習い期、志願期、修練期を終えたドリスは、三つの誓願、さらに最終誓願をしてシスターになった。

三つの誓願とは、

一　貧しい人を愛するために自分も貧しくなることを誓う「清貧の誓願」

二　心を分かつことなくキリストへの全面奉献を誓う「貞潔の誓願」

三　心から素直に従う「従順の誓願」

以上の三つであり、マザーの修道会にしかない最終誓願というのは、貧しい人のため報酬をうけずに心から仕えるという「特別誓願」で、シスター・ドリスがこれらの誓願のすべてを終えたときは、はじめてマザーの門をたたいてから八年の歳月が流れていた。

いま、シスター・ドリスは、ハンセン病患者の自力更生施設、〈平和の村〉にいる。

ぼくが、夕暮れの〈平和の村〉をたずねたとき、ドリスは病棟で、患者たちの膿を洗い、消毒していた。

そのときの話を、あとで語ってくれた。

「鼻が欠けてうまく発音できないお婆さんが窓の外を指さしてなにかいったのよね。だからわたしは、ああ、もう夜だわ、今日はこれで終わりね、といったらね、となりのベッドにいる患者が、ちがうのよ、シスター、彼女は、ごはんまだかかっていってるのよ、だって。」

ドリスは、うれしくてたまらないといった顔で笑った。

ドリスは、夜、病棟から宿舎に帰ってくる途中、闇に沈んだ〈平和の村〉をみると、いつも感動で胸をしめつけられるようになる、という。

手術室の灯も消え、三棟ある病棟の灯もひとつずつ消えていく。遠くの丘の上に、患者の家族が住む家々の灯がみえる。そのむこうは空一面の星。

「ここには、シャンデリアもおいしいケーキもない。だけど、わたしにとっては、昔、お嬢さんでいたときよりも数十倍もたのしいの。オキ、わかる？　たくさんの苦しんでいる人がわたしを待っていてくれ、いま安心して床についている。わたしは貧しい人、苦しんでる人のひとりになることができたのよ。わたしはなにも持っていないけれども、わたしの胸にはこんなに愛があふれているからなのよ。」

ぼくたちはとかく、彼女たちをみると、悲壮感とかある種の翳りといったものを連想するけれども、それはまちがっている。

ドリスがいうように、シスターたちは決して悲壮な覚悟で仕事をしているのではない。社会奉仕とか慈善事業をしようとしているのでもない。まして、世間の評判になろうなどとは、まったく思ってもいない。

ぼくはマザーのことばを引用する。

親切で慈しみ深くありなさい
あなたに出会った人がだれでも
まえよりももっと気持ちよく

明るくなって帰るようになさい
親切があなたの表情に
まなざしに、ほほえみに
温かく声をかけることばにあらわれるように
子どもにも貧しい人にも
苦しんでいる孤独な人すべてに
いつでもよろこびにあふれた笑顔をむけなさい
世話するだけでなく
あなたの心をあたえなさい

（『マザー・テレサのことば』半田基子訳　一九七六年、女子パウロ会刊）

彼女たちが貧しい人を愛する理由のひとつに、貧しい者は金持ちよりよく笑うからという。そして、マザーもその姉妹たちのいるところにはどこでも、笑いがあふれている。

⑰

㊼シスターたちの起床は朝４時。30分後には聖堂での黙想がはじまる。朝のつとめが終わると、ささやかな朝食、そうじ、洗たく。
㊽シスターたちは、いつもほがらかだ。みな、奉仕することへのよろこびにあふれている。

㊽

㊿

51

㊷

㊾朝の日課のひとつ、洗たくは全員でいっせいにはじめる。自分の持ちものはそう多くはない。サリー３着と洗たく用のバケツだけだ。

㊿午前７時半。今日一日の仕事へとでかけていく。

〈51〉〈神の愛の宣教者たち〉本部は、白いマリア像が目じるし。志願してもすぐシスターになれるわけではない。最初の６か月は見習い期、つぎの６か月は志願期、さらに２年間の修練期ののちに誓願を立て、シスターになる。

〈52〉マザーの修道会の制服は、青い３本のふちどりが入ったサリーで、左肩に十字架をとめている。これが見習いシスターたちのあこがれの服装。

53 54 自力ではこられない病人のために移動診療トラックも活躍。大型車では農村部の巡回診療や食糧配給にもでかける。55 魚市場に買い出しにきた炊事当番のシスターたち。実際家のマザーの弟子だけあって、シスターたちはみな、やりくり上手、買い物上手でもある。

55

⑸本部入り口。⑸⑸⑸⑹病人のために、子どもたちのために、身よりのない人たちのために、貧しい人たちのために。やることは山のようにあるが、シスターたちはいつも明るい。

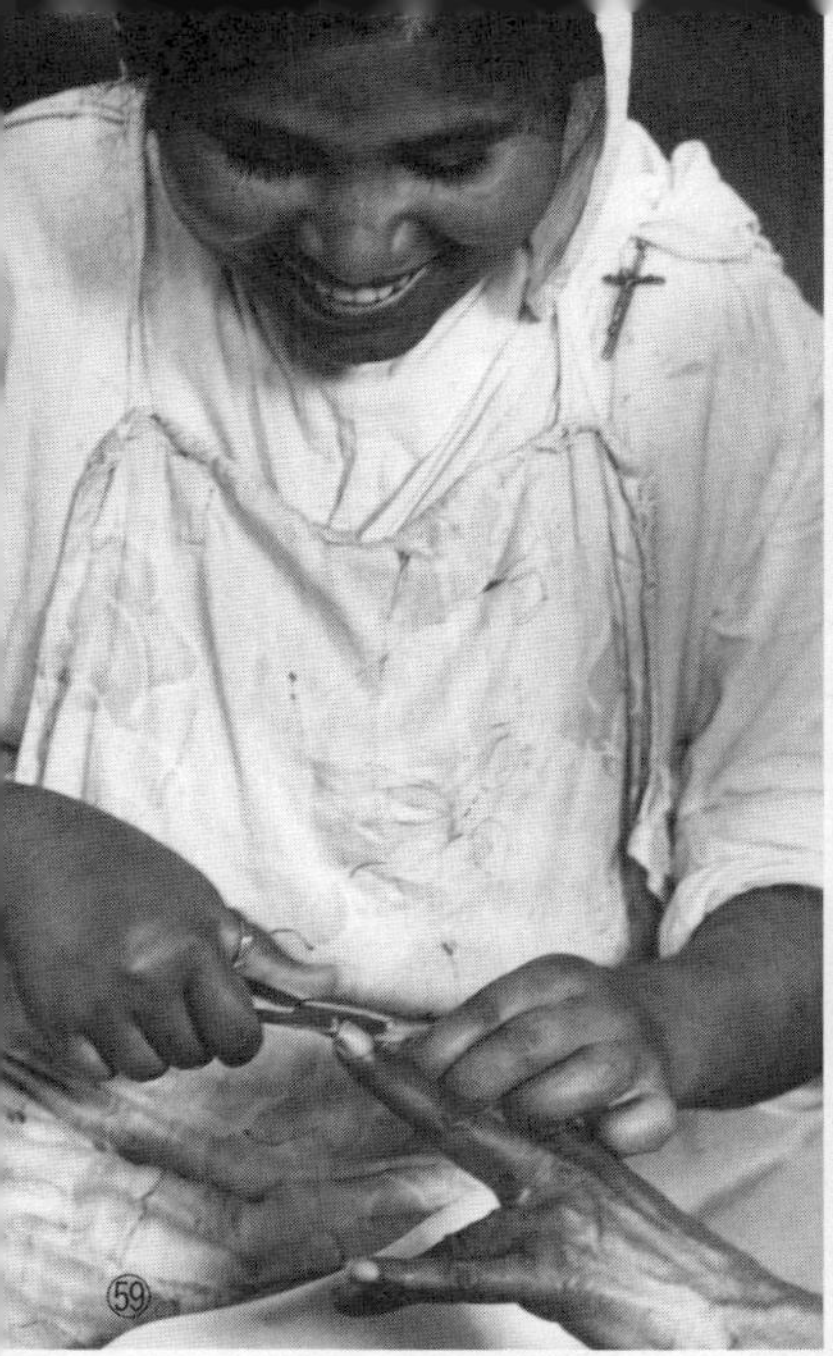
⑲

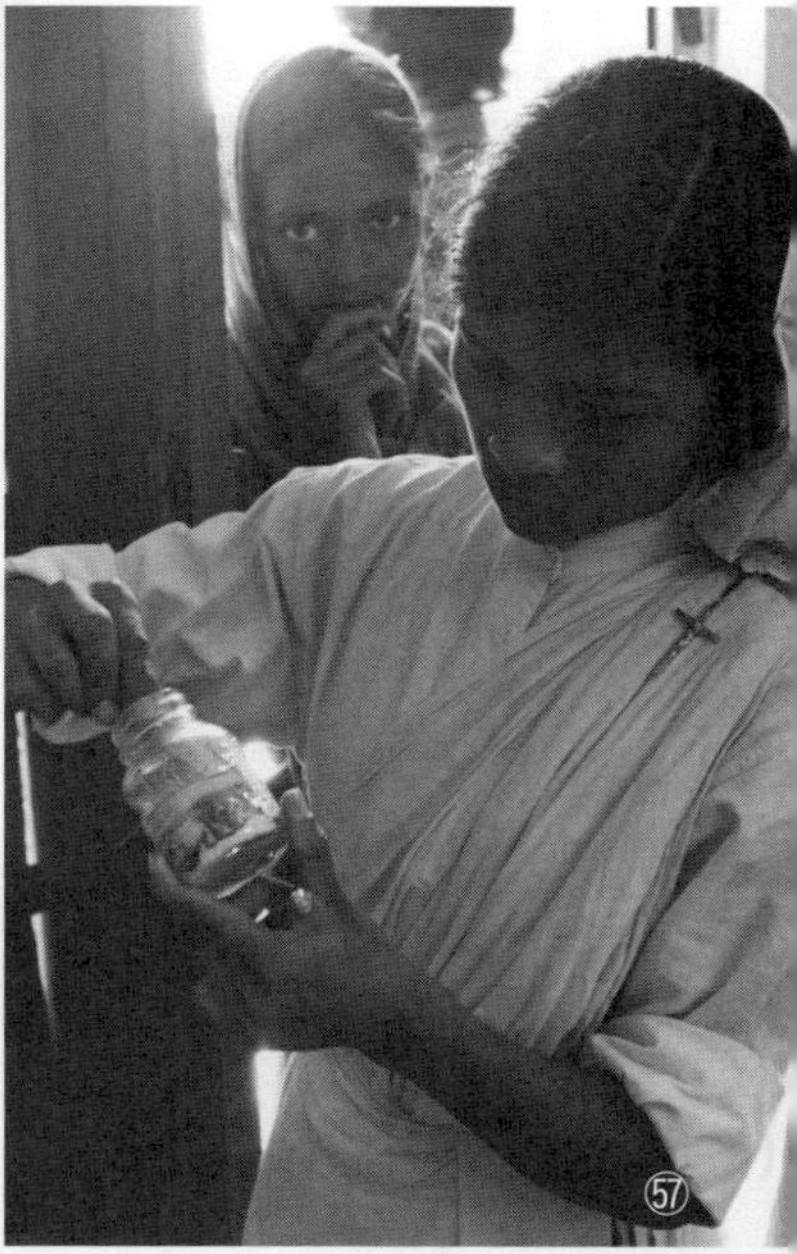
㊼

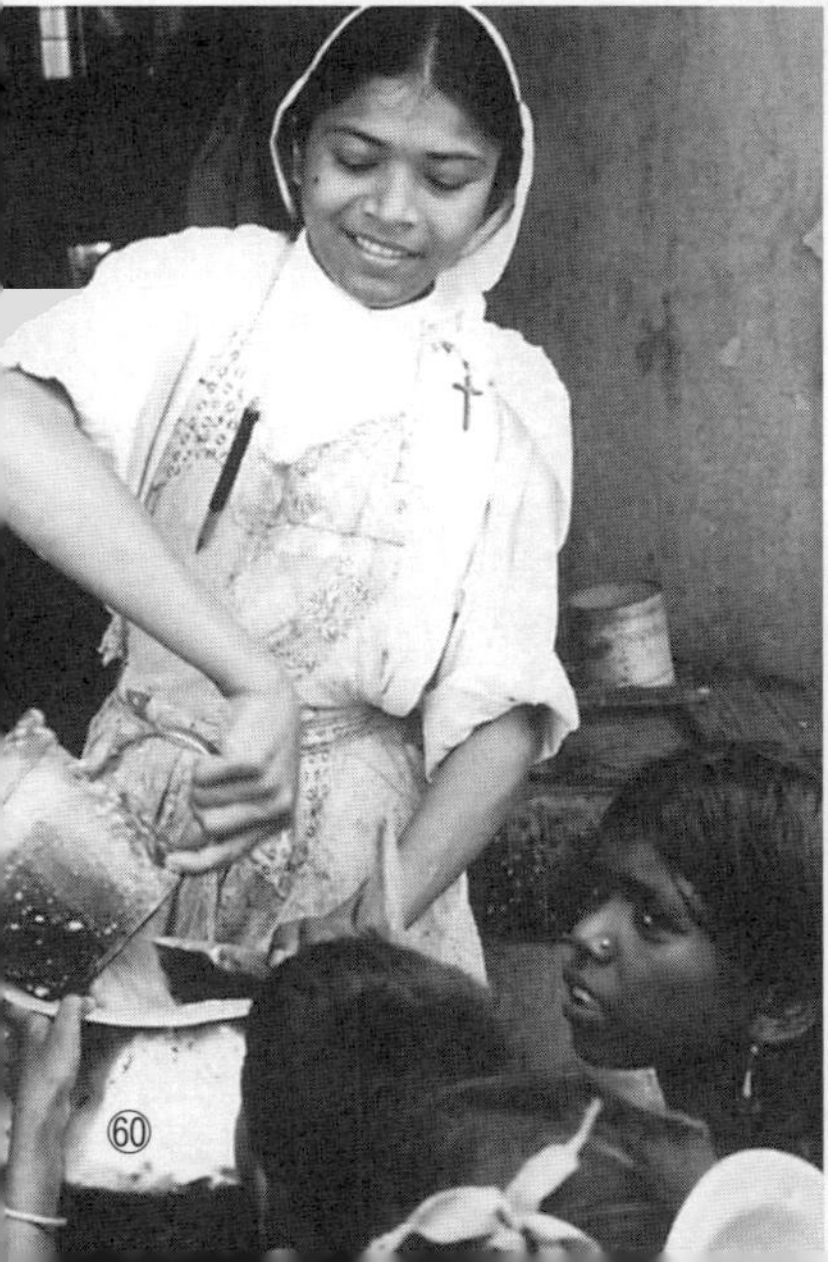
⑳

㊽

⑥①

⑥②

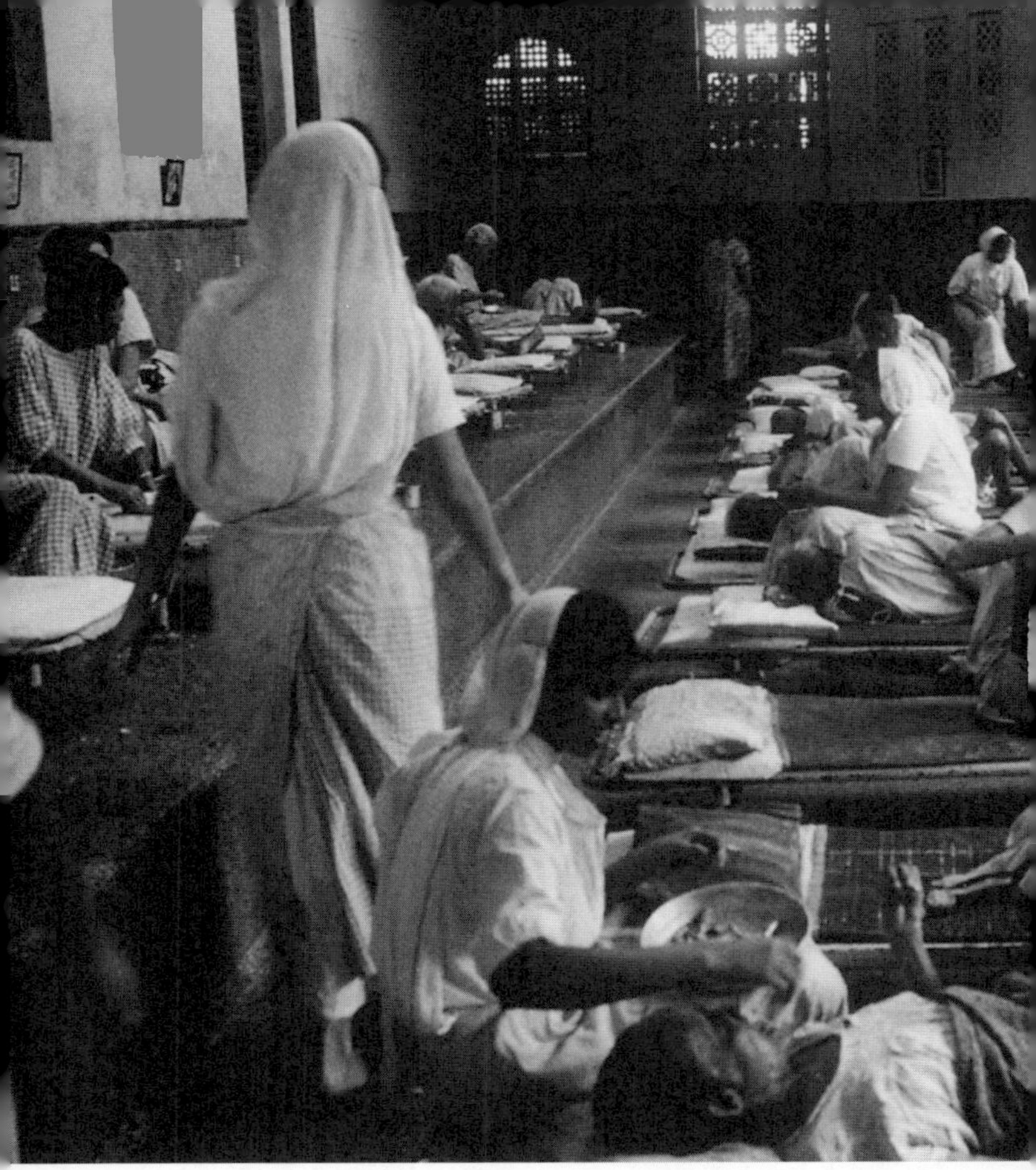

㉑〈死を待つ人の家〉の病棟内部。両側の一段高くなったところの人びとは症状がいくぶん軽く、社会にもどる希望がすこしは持てる。㉒シーツや衣類はつねに清潔なものに取りかえられ、ほころびもすぐにつくろわれる。

63

63どんなに貧しく孤独な人でも、人間らしい最期をむかえてほしいとマザーは願った。
64赤ん坊の世話をするシスター・ポール。めぐまれた家庭で育ったシスター・ポールは自分の居場所をここにみつけた。

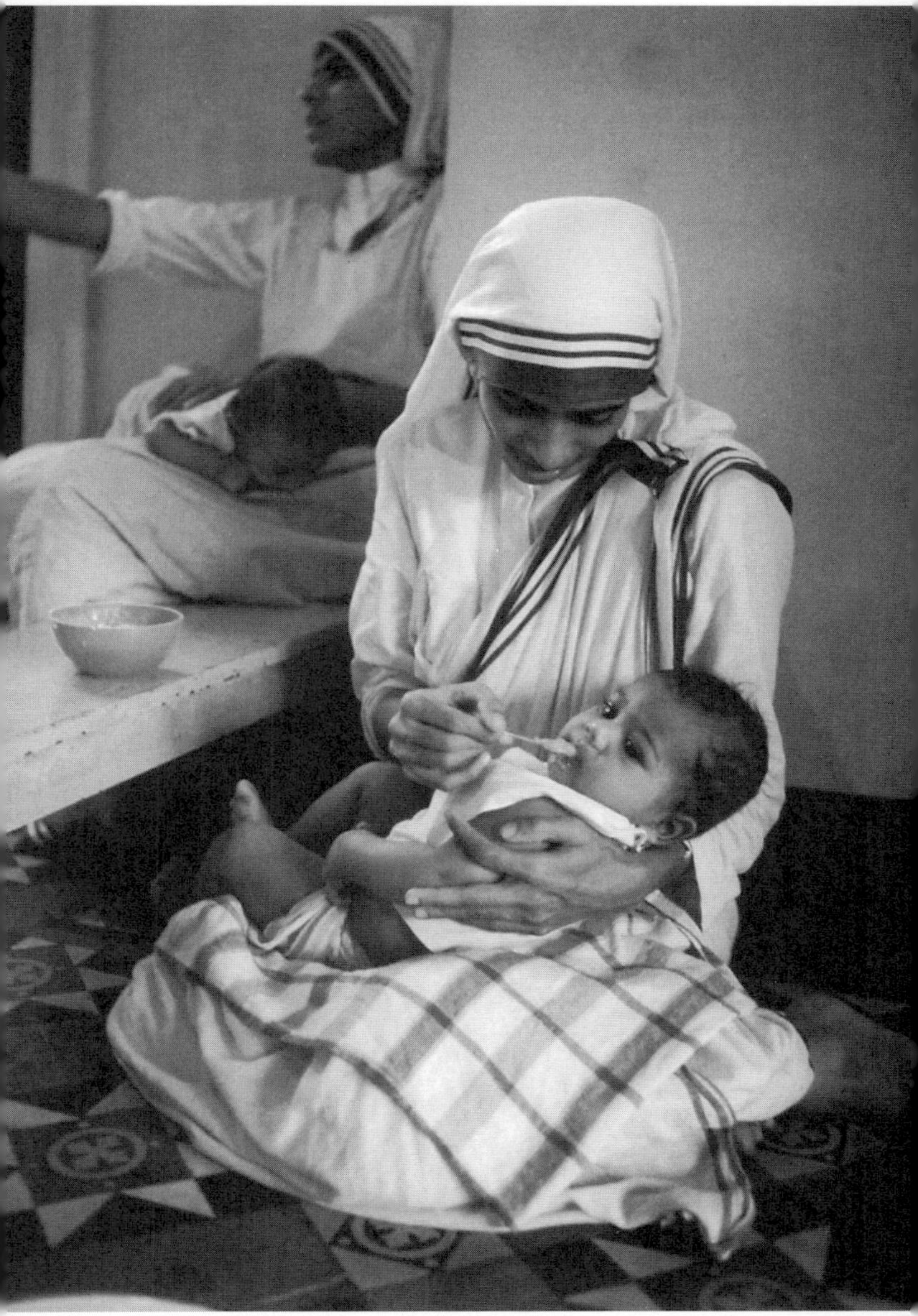

⑥⑤

65高温の室内は、人いきれでさらに暑いが、一切の冷房設備はない。

⑯

⑯シスター たちの一日(いちにち)は、祈(いの)りではじまり、祈(いの)りで終(お)わる。

第三章　かっぽう着のボランティア

協労者は、行為に愛をあらわすべきです。わたしたちの愛の仕事は、平和の仕事にほかなりません。より大きな愛を持って、てきぱきとこの仕事を果たしましょう。それぞれの仕事で、毎日の生活で、家庭で、周りの人といっしょに。

『マザー・テレサのことば』より

不幸な人びとのためになにかしたいという心を持つだけでよい

マザー・テレサの活動をささえるコルカタにおけるインド人ボランティア活動の中心人物は、クマール夫妻である。すこし年輩の人ならば、かつてクマールという名前のテニスの名選手がいたことを思いだすかもしれない。デビスカップのインド代表選手として、約二十年間にわたってウィンブルドンのひのき舞台を踏んだ人だ。日本にも何度かきている。現在は石炭会社のオーナー、まぎれもない上流階級の一員である。

クマール夫人もまた、上流階級の夫人たちが参加しているボランティア活動――欧米から送られてくる医薬品の整理、薬の袋貼り、あるいは貧民千世帯を対象に毎朝おこなっている給食の手つだいなど――のリーダーである。夫人たちの大多数はヒンズー教徒であるが、その活動はすでに十二年つづいている。

ぼくが、豪邸や高層マンションのたちならぶ高級住宅地アリプールにあるクマール氏の邸を訪れたのは、夫妻が中心になっているボランティア活動の実態を取材するためだった。

「話だけよりも実際の現場をみてもらったほうがいいでしょう。早いけれども、朝八時半においでください。給食広場にごいっしょしましょう。」

電話でつごうをたずねたぼくに、クマール夫人はこう答えてくれた。翌朝、約束の時間にクマール家を訪問したぼくを、夫人は、にこやかにむかえいれてくれた。案内された応接間は半袖シャツでは肌寒い感じがするぐらい冷房がきいている。壁面はすべて美しく落ち着いた色調のチーク材で統一され、シャンデリアやテーブル、ソファ、それに花瓶や時計、じゅうたんなど調度品もじつに調和がいい。ぼくは、メイドにてきぱきと指示している夫人の声をききながら、この応接間はそのままクマール家が上流階級の一員であることを象徴しているなと感じた。

クマール夫人が、同年輩の女性といっしょに応接間にもどってきた。女性はチョードリー夫人といい、ボランティア活動に仲間いりしたばかりの友人だといって、クマール夫人はぼくに引きあわせた。

「昨日はどうだった？　いくらか慣れた？」

クマール夫人は、メイドがはこんできた紅茶をすすめながら、チョードリー夫人にきいた。

「ええ、とってもたのしいわ。マザーにもお会いできるし。」

「そう。それはよかった。」

チョードリー夫人は、なにかいいたげだったが、どうもぼくのことが気になるらしい。

クマール夫人が、助け船をだした。

「なにかあったの？」

チョードリー夫人は、救われたように話しはじめた。

「でも、うちの主人はね、ボランティアなんてお遊びはやめろって。わたしはそんなつもりじゃないのに。」

クマール夫人は、美しい笑顔で友人にいう。

「お遊び……ねえ。わたしたちもよくいわれたわね。おなじお遊びでも、ゴルフにいくよりいいと思いますけどって、いいかえしたこともあったわ。」

「でも……。」

「ただし、ボランティアを大義名分にして、ご主人や子どもさんのことや家のことをほうりっぱなしにしてはいけないわよね。」

ぼくは、黙って女性二人の会話をきいていた。もともと今回は、話よりもボランティアの実際活動をみるのが目的だし、それにインドの上流階級の考えかたを多少でも知ることができるのだから、かえっていい機会だ。

「ボランティアっていうのは、決して無理しちゃだめ。遠くにでかけられなければ、となりの家のまえの道をそうじしてあげたっていいんだし。」

クマール夫人はなぐさめるようにいうと、時計をみて立ちあがった。

「さあ、そろそろいきましょうか。そうね、この問題は今度ご主人とよく話してみるわ。たとえお遊びでも、できるだけ長くつづけられるようにね。」

ろくに話もきけず、なんだか肩すかしをくったみたいだが、時間がせまっていたのだからしかたがない。エプロン姿の二人が乗りこんだ大きな車にぼくも便乗して、給食広場のある〈聖なる孤児の家〉にむかった。まだ給食開始には一時間もあるというのに、もう行列ができている。広場には、大きなドラム缶が数個ならんでいて、いつでも給食できるように準備されている。千世帯分といえば、およそ六、七千人分の食べ物である。それを日曜を除いて週六日、毎日つくり、配る作業は、とてもシスターたちだけではできない。そこで、クマール夫人たちのボランティア活動がはじまったのだ。

「でもね、給食は米と豆とカレーをまぜた雑炊でしょう。はじめのうちはその匂いになじめなくてね、顔をそむけ、雑炊をよそうヒシャクを、もてあましている人もいましたよ。」

クマール夫人がぼくに話しかける。ボランティアといっても上流階級の奥さまだ。それも当然だろう。

給食がはじまる。クマール夫人たちはドラム缶のうしろに立ち、行列のひとりひとりが差しだす鍋やあきカンに、その家族分だけの食べ物をいれてやる。「ありがとう。」と礼をいう人もあれば無言のままの人もいる。子どももいれば老人もいる。

十時半を過ぎると、太陽がじりじりと照りつける。暑さと食べ物の湯気と貧しい人びとの体臭がいりまじり、ボランティアのなかには気分が悪くなる人もでる。クマール夫人はその女性を、日陰につれていって休ませてやる。

「無理しなくてもいいのよ。ボランティアだと肩肘はらないで、自分のできる範囲で手つだいましょうよ。そうしないと長続きしないものね。」

と、やさしくさとしながら。

ボランティアというと、なにか身を挺してとか、犠牲的精神がなければつとまらないとか思われるがそうではない。ほんの半歩でも貧しい人に近づこうと思ったり、わずか五分でもお手つだいする、そういった小さな行為の積み重ね、それをたくさんの人がやることが大切——これがクマール夫人の信念だ。

「だからわたしは、友人たちには、給食活動は週一回でいい、あとは家で薬の袋貼りをすれば、とすすめているのよ。ボランティア活動のために家族を犠牲にする必要はないのですからね。」

夫人の話では、夫のクマール氏は大会社のオーナーだから日常の仕事はとてもハードで多忙だとのこと。「でも。」と夫人はいう。

「休みがとれると、よろこんで活動に参加するのよ。背広をスポーツシャツに着がえてね。」

クマール氏は、マザーもいうように、お金は浪費してはいけないが、時間と心の浪費はもっと悪いことだと考えている。自分にとっては無駄のように思える短い時間であっても、生死の境にある人びとにとっては生命がかかっているかけがえのない時間なのだ。われわれはたとえわずかな時間でも、自分たちインド人の手で、心で、苦しんでいる同胞を救う手助けをしようではないか。クマール夫妻はそう考え、この運動のリーダーになったのである。

マザー・テレサの活動を手つだっているボランティア・グループはたくさんあるが、クマール夫妻のグループはかなり異色だといえるだろう。なぜならば、貧富の差のはげしいインドでは、上流階級の人でボランティア活動をしている例は、やはり少ないからだ。

ある人びとが豊かに生活できるのは、それなりの理由があるはずです。そのために働いてきたにちがいありません。ただ、わたしは物が浪費されるのを見ると怒りを感じるのです。わたしなら使えるものを人びとが平気で捨てるときに。(『マザー・テレサのことば』半田基子訳)

チョードリー夫人の夫のように、上流階級の人びとのなかには、ボランティア活動など暇つぶしの遊びにしかすぎない、と考えている人が多い。

だが、マザー・テレサは、それでいい、それで充分だという。

「目の不自由な人がそばにいれば、自分が読んでいる新聞を声をだして読みあげるだけでいい。それも自分が読みたい時間にで充分。いや、なにもしなくても、そこになにかで苦しんでいる人がいるということを知っているだけでいいのです。」

まえにも述べたが、マザー・テレサは、インド政府から、医療、社会事業のための国庫助成金を受け取ったことは一度もない。インド政府がださないのではなく、マザーが受け取らないのだ。政府から助成金を受け取れば、それをどうつかったかという報告書が必要だ。報告書を作成するにはシスターが十人も必要になるだろう。だが、そんなことに十人の手をとられるよりは、もっとほかの仕事をしてもらったほうがいい。マザーは、神を愛せよ、隣人を愛せよというキリストの教えを実行するため以外につかう時間とお金が、もったいなくてしようがないのだ。

〈死を待つ人の家〉〈聖なる孤児の家〉〈移動診療所〉〈平和の村〉などその活動は広範囲にわたっているにもかかわらず、組織の管理面を担当するシスターが二、三人しかいないのはそのあらわれである。

マザーは献金があると、それがだれからであれ、どんなに多額であれ、確かめもせず手さげに突っこむ。

空港などにマザーがあらわれると、大スターをひと目見ようとするファンのように、ザーッと人が集まってくるのだが、そんなときの献金を受け取るさまなどは見ものである。黒山になった人びとが、口ぐちになにやらわめきながら金をつかんだ手を突きだす。微笑をうかべたマザーは、ひとつひとつうなずきながら、ありがたくちょうだいするわけだが、その光景はユーモラスでさえある。マザーは綿でも摘むようにつぎつぎと無造作にボストンバッグにつめこんでいくのだが、寄付するほうは受け取ってもらおうと必死の形相なのだ。

マザーは、世界各国からの寄付金はよろこんで受け取る。どうつかったかという明細報告書や領収書の類を要求されない限りは。もっとも、欧米の慣習として、献金の受取を書いてくれなどという者はまずいない。

〈マザー・テレサ国際協労者協会〉というこの組織は世界中に寄付を呼びかけ、その呼びかけに応じたスウェーデンの小学生たちの寄付活動によって〈聖なる孤児の家〉のミルクやビスケットがまかなわれ、あるいは西ドイツの学生によって医薬品が送られてきているなど、バックアップ活動は〈神の愛の宣教者たち〉の活動にとって大きなささえになっているのである。

ぼくは、一九七四年以来七年間、マザーの活動を取材しつづけているが、その間、送られてくる食糧や医薬品などに欧米先進国のラベルが貼ってあっても、日本のそれはまったくないことに何度恥ずかしい思いをしたことだろう。ぼくは、マザーに、日本人がマザーを支援するばあいどうしたらいいのか、ときいたことがあった。マザーは答えた。

「〈マザー・テレサ国際協労者協会〉（The International Association of Co-Workers of Mather Teresa）という組織に入ってくれればいいわ。本部はイギリスにあるのよ。協会に入るには、わたしがいつもいってるように、もっとも不幸な人びとのためになにかをしたいという意志を表明してくれるだけで充分なのよ。」

「カトリックの信者でないとダメですか。」とぼく。

「オキ、わたしはね、どんな人でも、もっとも貧しい人びとのためになにかをしたいという愛の心を持っている人なら歓迎しますよ。プロテスタントでも回教徒でも、ユダヤの人でもヒンズー教徒でも、オキの国の仏教徒でもね。隣人に奉仕するのは献身と祈りと愛によってですよ。」

マザーは、深いシワを刻んだ口もとに微笑をうかべ、身ぶり手ぶりをまじえてたのしそうに〈愛〉のあらわしかたをぼくに教えてくれる。

「わたしはね、人間的なあつかいをうけていない人たち、社会から拒絶され、きらわれ、軽蔑されている人たち、この世でもっともひどい病気に苦しんでいる人たちのもとにいかなければならないのよ。でもね、オキ。あなたたちは、もっと身近なことからはじめたらどうかしら。病院に入院している患者に花を持っていってあげるとか、年とった人のために窓をふいたり洗たくをしてあげるとか、ね。路上生活者のために社会保障の用紙に記入する手助けをするのだって、目の不自由な人のために手紙を書いてあげることだって、とてもりっぱな愛の表現なのよ。」

そして、こんな話をつけ加えた。

「ある真夜中、わたしたちの家にやっとの思いでたどりついた小さな男の子がいたわ。その子はわたしの顔をみるとこういったのよ。ぼく、お母さんのそばにいったんだ。でもお母さんはうるさいって追っぱらうの。お父さんのそばにもいったよ、そしたら、どこかへいってしまえって。シスター、ぼく、どうしたらいいのって。いまの世の中、人間が人間を見捨てているのよね。親が子を、子が親を、兄が弟を、友が友を、隣人が隣人を。」

マザーは、ぼくの顔をじっとみつめた。「わたしのいう愛の意味が、オキ、あなたにはわかる?」といった問いかけが、その目のなかにあるように、ぼくには思えた。ぼくは、わかりましたという意味をこめて、マザーの目をみつめかえした。

その人たちは、長い袖のついたエプロンをつけていた

ぼくは、日本人はまったくマザーの活動には、無関心だと思いこんでいた。しょせん、

エコノミック・アニマル（「経済的利益ばかりを追求する動物」と、日本人が皮肉られた言い方）はエコノミック・アニマルだと。ところが、それはぼくの思いこみにしかすぎなかった。日本人にも、マザーの活動に共感し、参加している人がいたのだ。そのことをぼくに教えてくれたのは、クマール夫人だった。

「ミスター・オキ、あなたの国の女性がわたしたちといっしょにボランティア活動をなさっているのを、ごぞんじですか。毎週水曜日に、給食を手つだってくれているのよ。」

「えっ。」と一瞬絶句した。信じられない。ぼくは、「ほかの国の人と見まちがわれたんじゃないですか。」と反問した。クマール夫人は、

「そうかもしれないけれども、長い袖のついたエプロンを、わたしは日本人の家庭でみたことがあるんですよ。」

という。袖まであるエプロン？ 日本人の家庭でみた？ クマール夫人はなんのことをいっているのだろう。

コルカタにいる日本人の女性といえば、ほとんどが領事館関係か商社員の奥さんたちである。ぼくは彼女たちにはあまりいい印象をもっていなかった。なぜなら、彼女たちはそ

の土地の住民とは没交渉で、自分たちだけのちっぽけな世界にとじこもり、パーティをひらいたりポーカーやゴルフにあけくれていると思いこんでいたからだ。でも、とにかく興味はある。会ってみよう。

クマール夫人の話をきいてつぎの水曜日、ぼくは〈聖なる孤児の家〉にいってみた。クマール夫人は、日本女性がそこで給食の手つだいをしていたといっていたからだ。

洋服の上に白いかっぽう着をつけ、まえかけをしてかいがいしく立ち働いている女性たちがいる。たしかに日本人だ。そうか、クマール夫人がいっていた〝長い袖のついたエプロン〟というのは、日本のかっぽう着のことだったのか。

ぼくは、彼女たちの仕事が一段落つくまで待った。近づいて声をかけた。

「日本のかたですね。」

「はい、そうです。」

声は落ち着いていたが、突然きこえたぼくの日本語に、表情はとまどいをみせていた。

ぼくは、自分が写真家であり、この数年間ずっとマザー・テレサの活動を撮影取材しているのだ、と自己紹介した。あなたたちのことはクマール夫人にきいたのだとも。

「クマール夫人。お会いしたことはないけれども、お名前はぞんじあげています。」

「ボランティアはいつごろからおはじめになったのですか。」

「一年ほど前からですかしら。」

一年前といえば、まだマザー・テレサという存在など日本ではまったく知られていないはずだ。

ぶしつけだったかもしれないが、どういう動機でボランティアをはじめたのかを質問した。彼女たちはていねいに答えてくれた。

「夫が商社員で、わたしもコルカタにはもう二年も住んでいますから、マザー・テレサのことは知っていたし、尊敬していました。で、あるときふっと、せっかくコルカタにいるのだから、マザーのお仕事をお手つだいできないかと思ったんです。でも、主人をちゃんと会社に送りだし、子どもを育てるのが第一の仕事ですから、なかなか実行には移せなくて。」

彼女の口調は淡々としていた。

「でも、暇はありますからね。毎日というわけにはいきませんが、週一回の給食活動とか子育ての経験をいかして〈聖なる孤児の家〉の子どもたちと遊ぶぐらいは、わたしたちにもできると思って。」

「おふたりで相談されて。」

「いえ、仲間は三人いるんですよ。」

「そうですか。……すばらしいことですね。感動しましたよ、ぼくは。日本人にもあなたがたのような人がいることを知ってホッとしました。」

「そんな……わたしたちは、マザーの活動を手つだうというより、自分たちのためにやってるんですから。」

「自分たちのため？　どういうことですか。」

「一週間に一回、それもたった二時間ぐらいのお手つだいでしかないけれど、やり終わったあとの充足感というか爽快感がたまらなくてやってるので、マザーのためのボランティアなんて、そんな大げさなことではありませんのよ。動機不純かしら……。」

二人は顔をみあわせ、笑っている。

ぼくは、マザーの部屋にかけこんだ。日本人もボランティアをやっているんだ、と一刻も早くマザーに知ってほしかったのだ。

「マザー、ボランティアのなかに日本人がいましたよ。日本人はマザーの活動に無関心だと思っていたから、ぼくはとてもうれしいんです。」

ぼくがそういうと、マザーは目をキラキラ輝かせていった。

「裕福な人は貧しい人を差別してるんじゃないんですよ。裕福な人は、貧しい人のいることを知らないの。知ってくれたら、かならずなにかしてくれるわ。一度でなく、長い期間をかけてすこしずつ。……オキの国の人たちは、インドにくらべて裕福な人がとても多いから、世界には貧しい人がたくさんいるんだということを知ってもらえれば、きっとたくさんの人が手を貸してくれると、わたしは信じていますよ。」

マザーのいうとおりだ。ぼくはマザーに心酔しきっているから、日本がマザーになんの援助もしないことにいらだち、恥ずかしく思っていたが、それはぼくの思いあがりというか、勝手な思いこみだったのだ。日本人はだれもなにもしないじゃないかと、いらだつ暇があったら、ぼくはマザー・テレサの存在を日本人に知らせるために、自分自身が行動をおこすべきなのだ。

いったん日本へ帰ろう。帰って、今日まで撮りつづけた写真をもとにして、なんとかマザーたちの活動を日本の人びとに知ってもらわなければならない。

彼らにあたえてください、おにぎりひとつ分だけの気持ちを

しかし、どうすればよいのか。一介の写真家にはなんの力もないといえる。ぼくの話にとり合ってくれる人はほとんどいなかった。思いあまって白柳東京大司教をたずねた。大司教は、三年まえにマザー・テレサへの紹介状を書いてくださった人である。あれこれ話しあったあげく、作品を写真集にまとめて刊行するのがいいだろう、ということになるのだが、大司教は意外なことをいいだした。宗教書専門の出版社からだすべきではない、それだとキリスト教関係の本になってしまう。それではきみの目的にかなうまい、というのだ。いわれてみるとまさにそのとおりである。しかし、結論を先にいうと〝キリスト教専門の出版社〟からしかだせなかったのである。大司教の口添えを得て、いくつもの出版社

をたずねるのだが反応はなべておなじであった。

「マザー・テレサ？　インド？　貧民救済活動？」

地味すぎて商業ベースに乗るとは考えられず、どこにもとり合ってもらえなかったのである。

あきらめかけていたころ、女子パウロ会から声がかかって、ついに陽の目を見たのが写真集『マザー・テレサと姉妹たち』（一九七八年、女子パウロ会刊）である。女子パウロ会は、ぼくがコルカタで偶然入手し、それをきっかけにマザー・テレサを知ることになったマルコム・マゲッリッジの『マザー・テレサ〜すばらしいことを神さまのために〜』という本の日本語版の出版社である。ふつうの出版社はダメで、めぐりめぐって元へもどったようなものだが、もう大司教も反対はされなかった。

このあと、念願の写真展が実現するのであるが、ここでも白柳大司教の助力を仰ぐことになった。先立つものはカネであるが、ぼくの話をじっときいていた大司教は、パネル製作費として黙って四十万円ちかいポケットマネーをだしてくれた。

第一回目の写真展は、一九七八年十月、東京、紀伊國屋書店のホールで開いた。反響はぼくの予想以上に大きかった。その後二年間、全国各地数十か所をマザー・テレサの写真はめぐっていった。

じつにたくさんの人が見にきてくれたわけであるが、ぼくにとってとくに感銘深かったのはマザー・テレサを支援する人たちに出会ったことだった。

そのひとつは、〈マザー・テレサを支える会〉。

一九五八年、川口カトリック教会青年会の会員だった柴田郁子という女子学生が、カトリックの雑誌で知ったマザー・テレサの活動に感銘を受けて、マザーに手紙を書いた。マザーは、「貧しい人、みじめな人に仕えることを忘れないでください。」という趣旨の返事をくれた。柴田さんは、手紙だけではほんとうの支援活動にはならない、実際に活動しなくてはと考え、教会の仲間と話しあって結成したのが、この〈マザー・テレサを支える会〉だ。

彼らは、「あなたが飲む一杯のコーヒーと一個のケーキが、飢えと病気で苦しむインドの子ども十人の一日の生命をささえる。」をモットーに、教会内にミニ・コーヒーショップを開店、毎日曜日のミサのあと、信者にコーヒー一杯百円で飲んでもらっている。また、川口キューポラ祭にはわたしの作品を展示してくれもした。

もうひとりは、岡山県倉敷の河野進牧師である。河野さんはことし（一九八一年当時。一九九〇年没）七十六歳。ハンセン病制圧活動を五十年にわたってつづけられている方である。

また、この方はテレビの宗教番組のなかで、ぼくの写真集をみてマザー・テレサを支える活動をはじめられたと語っておられたが、それにしても、あの写真集を〝現代の目でみる聖書〟だと最大級の賛辞を寄せられたのには、こっちがびっくりしてしまった。

マザー・テレサの〈平和の村〉にいるハンセン病患者のために、「わたしたちは一日三度の食事をするが、おにぎりひとつ分だけ減らしてそのお金をハンセン病患者のために寄付しよう。」と全国によびかけているのが河野さんの〈おにぎり運動〉である。

〝今良寛〟といわれるほど人望の厚い宗教家であり、詩人である河野さんは、得意の詩でマザー・テレサの存在を世の人びとに訴え、二年間に二千万円の寄付金をマザーに贈った人だ。

流れ

浅い流れは音が高い
わたしの
祈りよ
言葉よ
行いよ
音が高くないか
深い流れは音をたてない

ぞうきん

こまった時に
思い出され
用がすめば

すぐ忘れられる
ぞうきんになりたい

河野さんの詩だ。河野さんはこんな詩を書きながら、〈おにぎり運動〉をたったひとりですすめているのだ。

ほかにも、日本からインドに旅行した人のなかにも、〈死を待つ人の家〉でボランティア活動をしていく人が、一九八〇年だけで四十人をこえている。（二〇〇七年、二〇〇八年、二〇〇九年ともに毎年各国から千二百人のボランティアを受けいれ、なかでも日本人ボランティアがもっとも多い。）また、北海道の子どもたちが、廃品回収や新聞配達などで集めたお金をマザー・テレサに送ったという話もある。

ぼくは、年々ふえていくさまざまな形での日本におけるボランティア活動の話をきいて、やっと日本人とマザーのあいだに愛がかよいはじめたと胸がいっぱいになってしまった。

孤児をもらってくれるより、病気の子をだいてくれるほうが

そんなある日、新聞に載ったぼくの手記（一九八〇年三月三十一日付、朝日新聞夕刊「私のい分」）を見て筆をとったという一通の手紙が配達されてきた。

謹啓

お元気でご活躍のこととぞんじます。わたしは九州福岡に住む主婦ですが、マザー・テレサの活動を新聞で知り、こうして筆をとりました。

貧しい人たちのため、貧しい人といっしょになってたちはたらいているマザーのよろこびにあふれた顔、ほほえみにわたしは感動してしまったのです。

そこでお願いがあるのです。

マザーの〈聖なる孤児の家〉の子どもをひきとりお世話したいのです。その子がほんと

うに助けを必要としているときにお役に立ちたいのです。

わたしの家族は、夫、わたし、それに小学三年生の男の子、幼稚園の女の子の四人です。夫は地方公務員で現在四十歳、わたしは三十五歳です。夫婦ともカトリック信者です。

夫とも話しあったのですが、マザーの〈聖なる孤児の家（ニルマル・シシュ・ババン）〉の子どもをわたしたちのイエスとして、いつくしみ育んでいきたいと思います。子どもたちもわたしたちの意見に大賛成です。どうかマザーにわたしたちの希望をつたえていただき、一日も早くわたしたちのもとに平和とよろこびにみちたマザーの子どもが恵まれますようにご配慮ください。

これまでのわたしたちは、日曜日に教会にいってお祈りをするだけでしたが、最近ではほんとうの信仰とは愛がなければなんにもならないと思うようになってきたのです。

その意味からも、ぜひ、わたしたちのもとにマザーの子どもをおあたえください。

はなはだ勝手なお願いで恐縮ですが、どうか、どうかよろしくお願いいたします。

敬白

原文は、まったくこのとおりというわけではないのだが、大略は右のとおりである。この手紙は、ぼくにとっては、よろこびというよりはおどろきだった。日本人夫婦、しかも子どものいるしあわせな家庭の主婦が、マザーの〈聖なる孤児の家〉の子どもと養子縁組をしようというのだから。

たしかにマザーの〈聖なる孤児の家〉では、一九六九年から外国人家庭との養子縁組をはじめている。そもそものきっかけは、インド人で子どものない夫婦が〈聖なる孤児の家〉で育てられている子どもをひきとったことだが、近年養子縁組の数は急激に増加し、一九八一年までに五百二十九人が世界各地にひきとられていっている。国別にみると、インドをはじめ、ベルギー、フランス、イタリア、スウェーデンなどヨーロッパ諸国が圧倒的に多く、最近ではアメリカからの申しこみもふえているということだ。二〇一〇年現在、養子縁組によりひきとられた子どもは六千七百五人。やはりヨーロッパ諸国が多い。

しかし、ぼくの知っているかぎりでは、日本人からの申しこみはまったくなかったはずだ。日本人としては、はじめてといっていいこの養子縁組の申しこみを、マザーはどうけとり、どんな結論をだすだろうか。ぼくにはわからない。わからない以上は、ぼくはこの手紙にたいしてどう返事を書けばよいのだろうか。

ぼくは迷いに迷ったあげく、この手紙の主が子どものない夫婦ならともかく、二人の子どもがいることも考えて、「とりあえず一年ほど冷静に考えてみて、それでもなおということであれば、マザーにきいてみましょう。」という趣旨の返事をだした。

九州から再度手紙がきた。自分たちの決心はけっして一時の熱病のようなものではないこと、熱心なクリスチャンであること、近くの教会の神父も賛成してくれていること、現在の貯金高、夫の月収などが列記され、家族の写真も同封してあった。

この養子縁組の件については、やはり直接マザーに相談しようと思い、ぼくはインド行きの準備をはじめた。そこへ、おなじような趣旨の手紙が、姫路と北海道からとどいた。

かっぽう着のボランティアに感動していたぼくには、〈聖なる孤児の家〉の子どもを養子にという三通の手紙は、マザーにたいする日本人の支援がすこしずつだがひろがっていて、それが飢えと病気に苦しんでいるインドの人びとのささえになりつつあることの証明のように思え、心がますます燃えてくるのを感じるのだった。

ぼくはインドにとび、マザーに会った。そしてまず、インド以外の国の人との養子縁組の状況についてきいてみた。こういう話になると、マザーはとてもたのしそうに話すのだ。

「そうね。みんなすばらしいけれども、ヨーロッパ人はとくにすばらしいわね。わざわざ足が悪くて歩けない子や両腕のない子をひきとってくれるのよ。わたしがなぜなのってきくとね。ヨーロッパの医学はインドより発達しているし、経済力もあるからですよ、だって。だから容貌の美醜やなんかであの子にしようなんて選びかたはしないんだって。わたしたちは子どもになにかをしてやりたいんです、というのよ。すばらしいと思わない？」

マザーが、〈聖なる孤児の家〉の子どもたちの養子縁組に積極的である理由のひとつに、妊娠中絶に反対しているということがある。

「オキ、わたしたちは中絶に反対しているでしょ。医者にたいしても、中絶にくる婦人にたいしても中絶はしないでなんとか産ませてほしい、生まれた子どもはわたしたちが育てるからって説得してね。だから、闇に流されずに生まれてきたけれども、いくところのない赤ん坊が、つぎからつぎへと〈聖なる孤児の家〉にくる。なかには、ここへきて一時間もしないうちに死んでしまう子もいる。でも、わたしは一時間だけでもいい、ここにきてほしいんですよ。だれにも愛されないまま、子どもが死んでいくってことは、わたしはとても許すことはできないのです。」

マザーは、合掌し、祈るような姿勢で語る。

こうして生命をよみがえらせた赤ん坊は、ヨーロッパやアメリカの子どものない夫婦にひきとられていくのである。

養子縁組が成立した夫婦からは、毎年、成長の記録として写真が送られてくる。もう数十冊になっているだろうアルバムは、国別に整理され、法的に認可された日付、もらわれていった日付、両親の名前、子どもの生年月日と名前が記された家族の記念写真が貼ってある。白人の両親と黒いインド人の赤ん坊。一見異様に見えるが、画面からはいかにも幸福そうな雰囲気がつたわってくるのだ。

アルバムには、マザー・テレサの写真は一枚もないが、マザーにとってはこのアルバムはまさに「素晴らしい愛の記録」なのだ。

マザーは、だきかかえるようにして持ってきたアルバムを、一ページ一ページうれしそうにめくってみている。そういうマザーの顔が、嫁にやった娘夫婦と孫の写真をあかず眺めている母親のように、しあわせいっぱいといった風情であるのが、非常に印象的だった。

「マザー、もし日本人が養子縁組を申しこんだら、マザーはどうしますか。」

ぼくはたずねた。マザーは、指を一本立て、ゆっくりと低い声で話しはじめた。

「その答えをだすには、まずわたしも日本の法律を勉強しなければなりません。わたしは、育つ国がどこであれ、子どもはインド人でなければ困るのです。子どもたちは、もし、インド政府が帰国命令をだしたときは、それに従わなければならないからです。しかし、日本では、親が日本国籍で子どもがインド国籍というわけにはいかないかもしれないし……。」

二重国籍が可能かどうかは別としても、ぼくにも、肌の色のちがうインド人が日本で充分な教育をうけ、職業を自由に選ぶことができるのかどうか、大きな疑問だった。マザーはぼくの困惑ぶりをみぬいたのだろう、やさしい口調で、「でもね、オキ。」といった。

「いままでは養子縁組の申しこみは、ヨーロッパやアメリカの人ばかりだったけれども、アジアのリーダーの日本がこの、愛の行為に関心をもってくれただけでも、わたしはすばらしいことだと思いますよ。インド人も日本人もおなじアジア人なんですからね。」

　こういうとマザーは、ガラリと口調をかえ、

「そうそう、養子縁組といえば、こんな話がありましたよ。」と、口もとに笑いをうかべながらたのしそうに話しはじめた。

「このあいだね、金髪のフランス青年がわたしをたずねてきて、こういうの。あのう、ぼく、〈聖なる孤児の家〉の子どもを育てたいんですが……。わたしはびっくりしましたよ、なぜって、彼はどうみたって結婚してるとは思えないんだもの。」

「あなた、独身でしょ。」

とマザーがきくと、青年は、

「そうです。でも、独身じゃダメでしょうか。」

と、真剣な表情でたのみこむ。マザーは、青年の態度に好感はもったが、独身者に子ども

をわたすわけにはいかない。

「だれが育てるの？」

「ぼ、ぼくです。」

「あなたがいないときは？」

「ぼくの友だちが……。」

　マザーは青年にいった。

「子どもはあなたの愛を待っているのよ。一対一のね。あなたが働いてその子のパンを稼いできても、その子をほうっておかれるんじゃどうしようもないでしょ。いま、ほとんどの人が、生活をもっと豊かにしようと、忙しく働いていて、子どもたちは両親とすごす時間がとても少なくなっています。わたしたちが接している貧しい人たちは物質的には豊かじゃないけれども、ほんとうに子どもを愛していますよ。その意味では、世界一のしあわせ者かもしれませんね。」

　ぼくは、その青年がどういったかときいた。

マザーは青年の表情を思いだしたのか、口もとを大きくほころばせて笑いながらいった。

「それがね、オキ。よくわかりました。じゃ、ぼく、フランスに帰って結婚します、だって。」

マザーは青年の口ぶりを真似ながら、ほがらかな声をあげて笑った。マザーによれば、それから数か月後、その青年はまたマザーの修道会にあらわれたという。

「あら、どうしたの、結婚した？」

マザーが笑いながらきくと、青年は頭をかきながら、パリのモダンガールと結婚する気になれないのだ、という意味のことをいった。

「そりゃそうよ、結婚は手段じゃないんだもの。」

「それでね、マザー、ぼくは考えを変えて、友だちをたくさんつれてきたんです。みんな子ども好きだから、〈聖なる孤児の家〉でお手つだいさせてください。」

「子どもをもらってくれるよりも、親のない子、病気の子をだいてくれるほうがよほどすばらしいことだということを、この青年は理解してくれたのだと思うとうれしくてね、わたしはその申し出には、そくざにオーケーしましたよ。」

青年たちはそれから三か月にわたって〈聖なる孤児の家〉でボランティア活動をつづけ、いまでも数人ずつ交代で休暇を利用してやってきているという。

話し終わるとマザーは、ぼくの肩にやさしく手をおき、こういい残して祈りのために聖堂に消えていった。

「インドの子どもはインドで育てるのがほんとうかもしれないわね。でも、それは愛があふれている家庭があっての話。わたしたちがどんなに母や姉のかわりをしても、外国だとはいえ愛情豊かな家庭にはかないませんからね。愛は家庭に住まうものなんですよ。子どもを愛し、家庭を愛していれば、なにも持っていなくても、しあわせになれるのですよ。」

ぼくは、これからずっと考えつづけていかなければならない大問題を投げかけられたような気持ちで、マザーのうしろ姿をみるばかりだった。

(67)

(67)(68)(69)(70)(71)学生・看護師・医師・主婦・会社員――。インド国内はもとより世界各国から、さまざまな階層や職業の人びとがボランティアに訪れ、さまざまな仕事をうけもつ。くり返し訪れる人も多い。

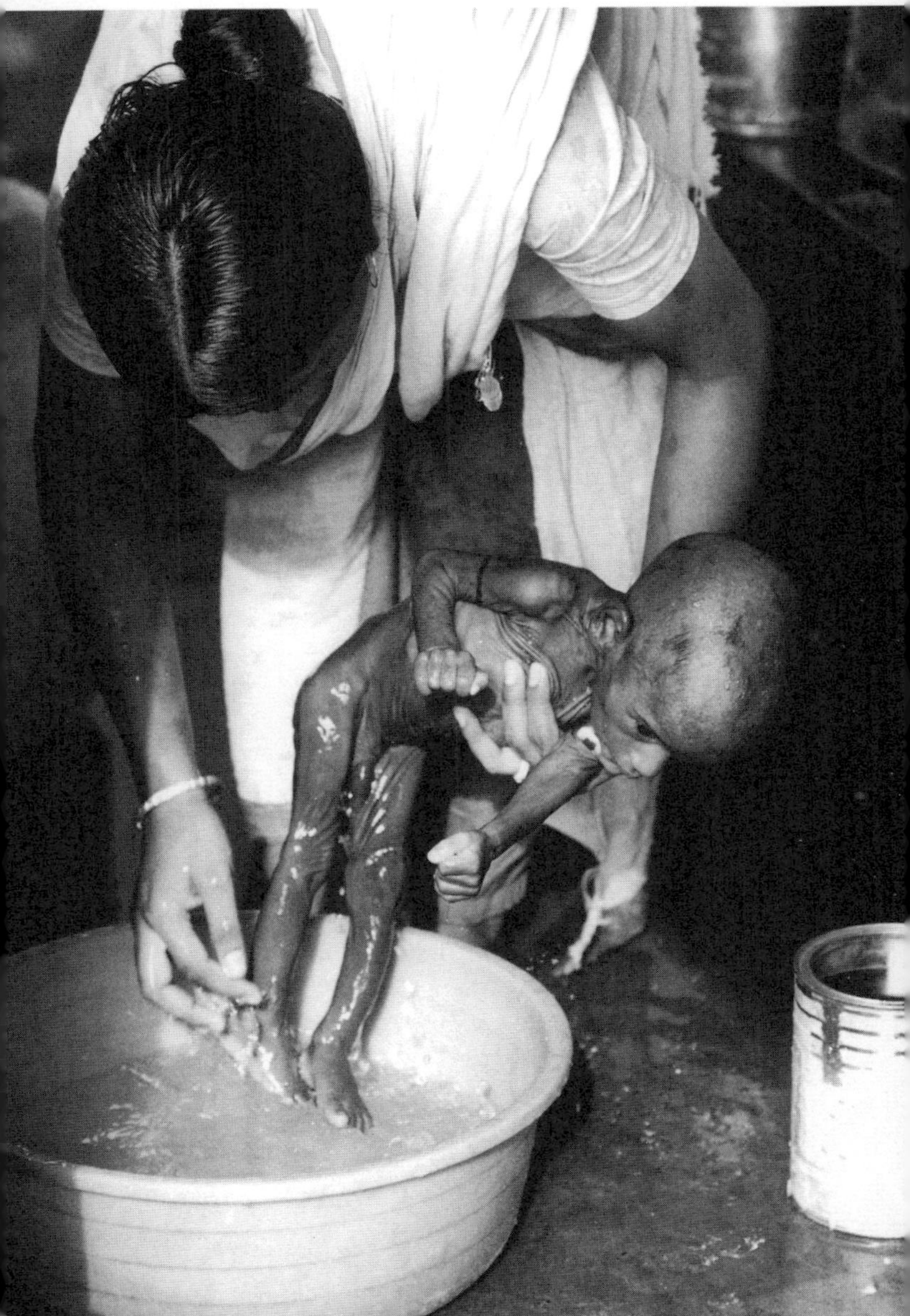
68

50

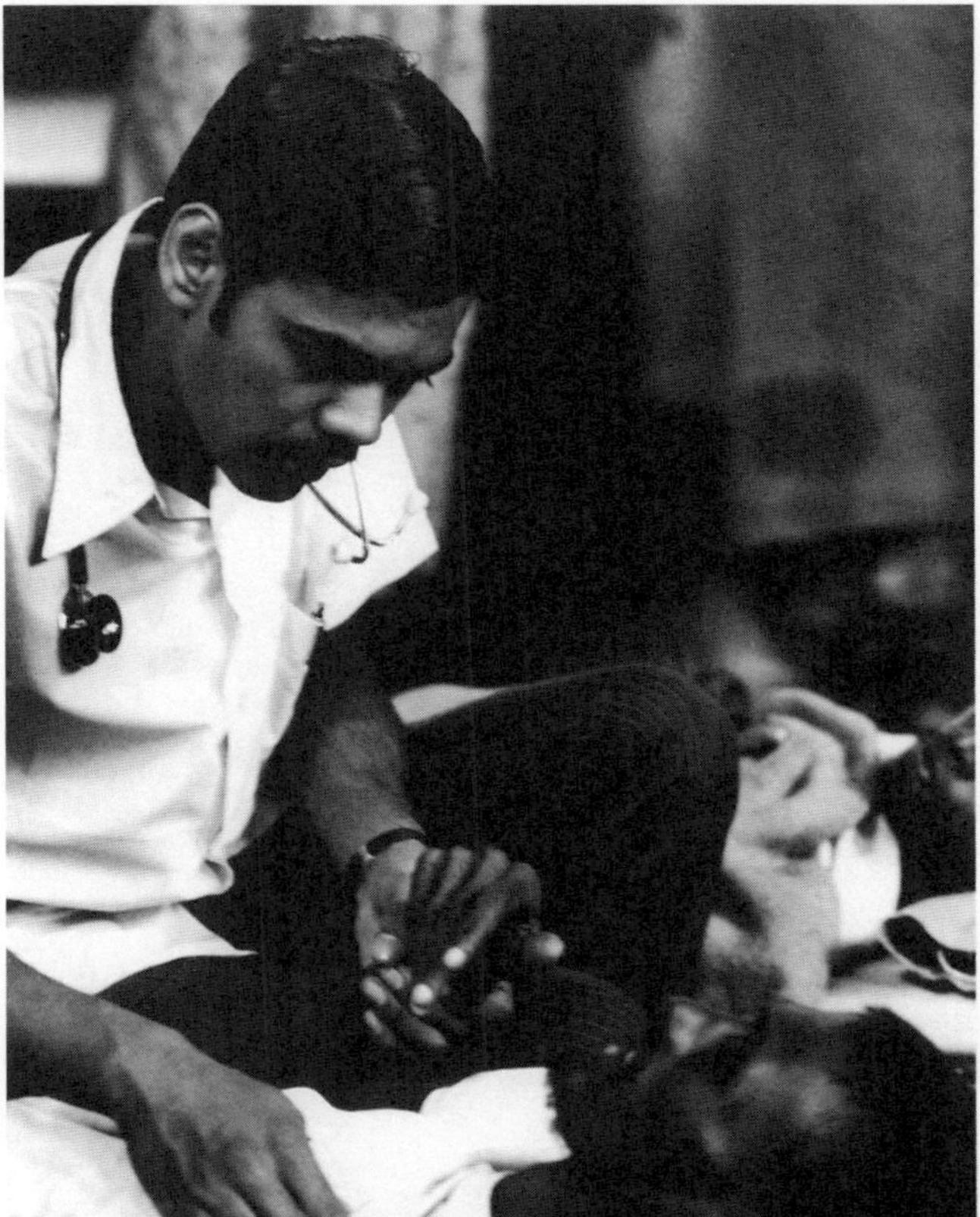

⑳

71

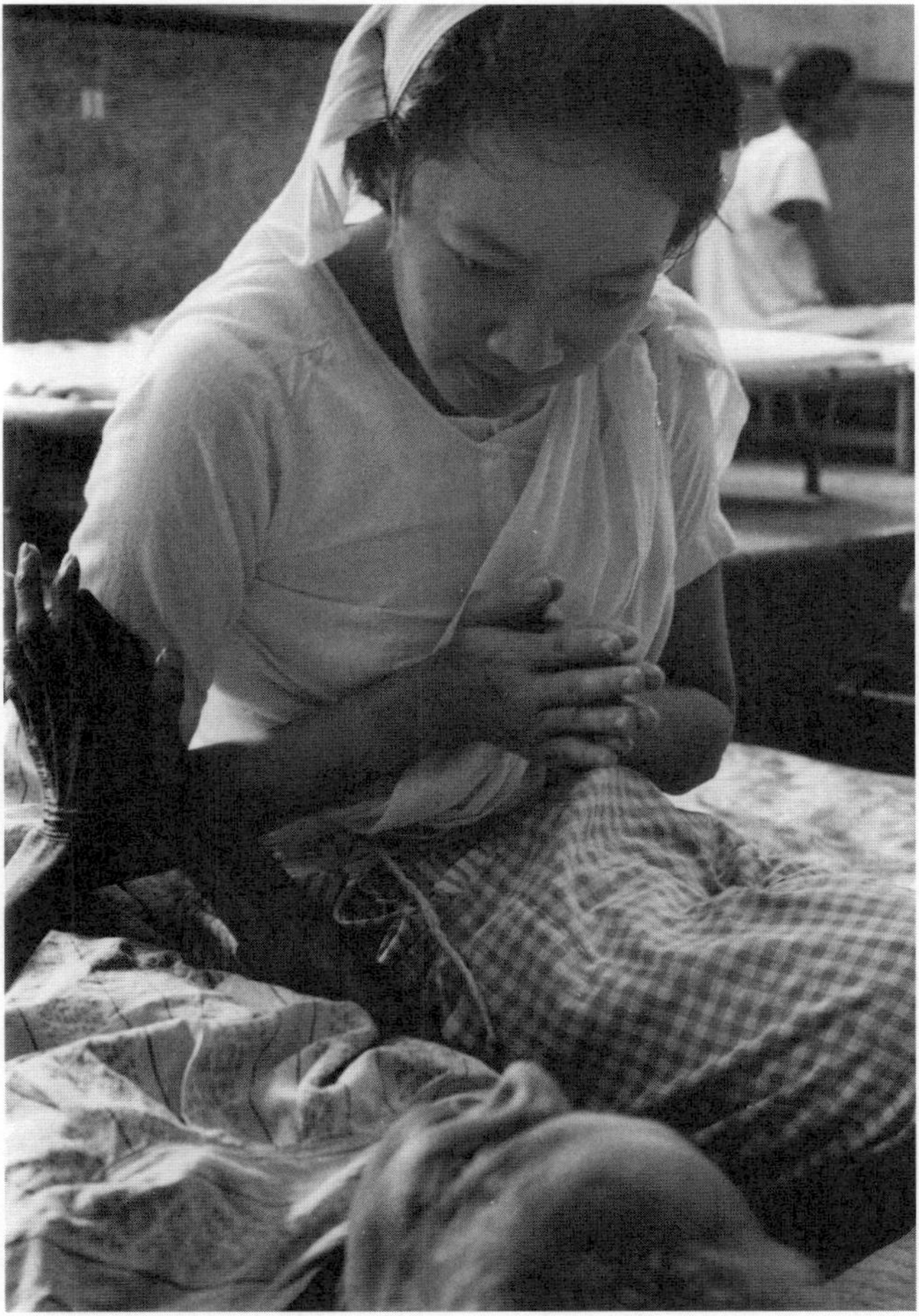

⑫

⑫「あなたはたったひとりのたいせつな人」と語りかけ寄りそうことが、〈孤独という一番ひどい病気〉をいやす。

⑬この日、またひとり、ヨーロッパの医師家庭にひきとられていく。その子に別れを告げるマザー。

⑭

⑭養子縁組が成立した家族からは、毎年、成長の記録として写真が送られてくる。数十冊のアルバムは、国別に整理され、生年月日・法的に認可された日付・両親と本人の名前などが記された記録簿でもある。

75

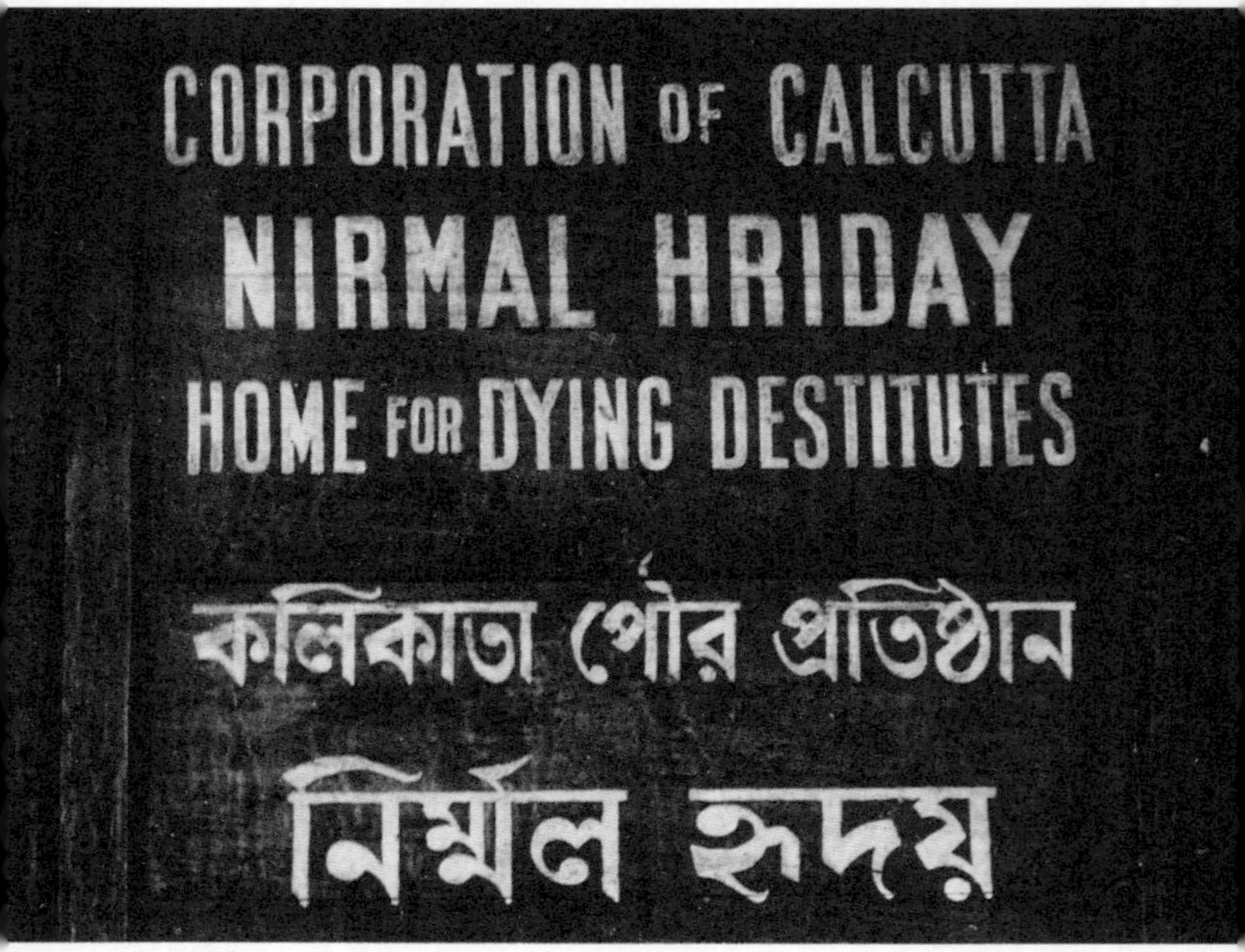

75〈死を待つ人の家〉にかかげられた看板。ヒンディ語のNIRMAL HRIDAYの意味は「清い心」。

第四章　マザー、ようこそ日本へ

国と国の間に大きなちがいはありません。どこへ行っても出会うのは人びとですから。異なった外見、異なった服装、異なった教育や異なった地位ではあっても、みなおなじです。どの人もみんな愛すべき人です。みんな愛に飢えています。

『マザー・テレサのことば』より

首相さん、あなたの服がもっと質素で、もっと粗末なものを食べるなら

マザーとその姉妹たちのことを、ここまで書きつづってきた。時間は前後するが、最後に、マザーと出会った当時の日本と、ぼく自身のことを語っておきたい。

一九七六年春、カナダ、バンクーバー。市の中心部にある公園の近代的な会議堂で開催されている国連人間居住会議（ハビタット）の壇上に、マザー・テレサがのぼった。粗末なサリーを身にまとい、左肩に小さな十字架をつけたマザー・テレサは、両のほおに何本もの深いシワをきざみながら、会場に集まった世界各国の代表に微笑をおくった。大きな拍手がわきおこり、やがて静寂がやってきた。マザー・テレサはいつものように背をすこし曲げ、小さいがよくとおる説得力のある声で話しはじめた。

「Poor is beautiful! 貧しいことは美しいことです。わたしがコルカタで接している貧

しい人たちをみていると、それがよくわかります。たとえば、わたしの〈死を待つ人の家〉には、飢えた人、路上で死を待つだけの人、ネズミに食い殺されるまでほうっておかれた人、そんな人たちがたくさん集まってきます。彼らの一生の長い旅路には、耐えられない苦労もあったでしょう。だまされたり、裏切られたりしたこともあったでしょう。しかし、死に瀕しても彼らは、そのことにひとことも文句をいわずに天国へいきます。なんという美しい心根なのでしょう。」

会場の人びとの視線は、青い三本の線の入ったサリーにくぎづけになったままだ。

「わたしはある日、托鉢で得たわずかな米を、スラムに住むやせ衰えた主婦にわけあたえました。するとどうでしょう、彼女はそのわずかな米をさらに半分にわけて、裏の家に持っていったのです。わたしが、あなたの家族は十人もいるのにそんなに少なくて大丈夫なの、ときくと、彼女はニッコリ笑って、でもあの人の家はもう何日もなにも食べていないんです、と答えたのです。わたしが、貧しい人は美しい、という意味が、すこしはおわかりいただけたでしょうか。」

ことばが熱をおびてくるにつれて、マザーの小さなからだがしだいに大きくみえてくる。
「あなたがもし、苦しんでいる兄弟姉妹のひとりひとりを思いおこすなら、仕事はもっとらくに感じ、貧しい人たちにたいしても、もっと心の底から微笑むことができるでしょう。もし、貧しい人びとが飢え死にするとしたら、それは神がその人たちを愛していないからではなく、あなたが、そしてわたしが、その人たちにパンを、服を、そして愛を、思いやりをあたえなかったからなのです。」

会場は静まりかえっている。ついさっきまで、かすかにきこえていたサッカーのレフェリーのホイッスルも、いまはきこえなくなっている。

「飢えている人がいます。でもそれは、パンがないためではありません。愛、思いやりへの飢え、だれかの〝自分〟でありたいという思いがみたされない飢えなのです。はだかの人もいます。服がない、ということではありません。見ず知らずということだけで、やさしい心づかいをしめしてもらえないという意味で、はだかなのです。でも、それらの人びとに話すことは、できるだけ少なくしましょう。説教してきかせても、それは人とふれあう場にはなりません。ほうきを持ってだれかの家をきれいにしてあげてごらんなさい、そのほうがもっと雄弁なのですから。」

マザーは、ここまで一気に話すと、会議の主催国であるカナダのトルドー首相のほうをむいて、口もとをちょっぴりほころばせながらいった。

「国連は毎年多くのすばらしい決議を採択しますが、ほとんど実行されませんね。」

静まりかえっていた会場が、一変して爆笑の渦となった。壇上のマザー・テレサもたのしそうに笑いながら、トルドー首相に手をさしのべ、語りかける。

「ミスター・トルドー、あなたがもっと質素なものを着、もっと粗末なものをお食べになってくださいな。そうしたら国民もそれにしたがい、多くの人が救われるでしょう。」

会場から拍手がおこった。トルドー首相は、バツが悪げに立ちあがり、肩をすくめるジェスチュアをしてみせた。拍手は爆笑にかわる。

マザーの諧謔精神は、会議の雰囲気を人間的なごやかなものにかえてしまったのだ。

その翌日、トルドー首相は、ノーネクタイでジーンズをはいて会議にあらわれた。

マザーのスピーチが終わった。会場を埋めた聴衆の長い長い拍手がつづく。だれひとり席を立とうとしない。なりやまぬ拍手。

そのあと、会場で自発的にはじまった寄付は、あっという間に約百三十万円に達した。この会議の模様は、カナダや、アメリカやヨーロッパでは、かなり感動的に大きなニュースとして報道されたが、日本では、新聞のコラム欄が小さく報じているだけだった。

なにがマザー・テレサとその姉妹たちをラジカルにしているか

コルカタを見ずして人口問題を語るなかれ、といわれている。

一九七四年、国連〝人口年〟にあたって、ぼくは人口爆発の原点といわれる、世界一の過密都市コルカタをたずねた。

二年つづいた干ばつとそのあとにきた洪水で、故郷の農村を捨ててきた農民、さらに二度にわたる印パ戦争の難民とで、コルカタの街はあふれていた。コルカタ市内にあるハウラ、シアルダの両駅は〝難民の終着駅〟とよばれている。駅には、連日二千人が流れこみ、構内はもちろん道路、公園、病院、学校、ゴミ捨て場など、あらゆるところに、貧しく飢えた人びとが住みついている。崩れかかった家々、散らかったゴミの山、路上にゴロ寝している人びと、病気で死に瀕している老人――。

コルカタ。人口一千万人、人口密度一平方キロ当たり三万人（一九八一年当時の東京の二倍）、スラム人口百万人、路上生活者四十万人、ハンセン病患者三十六万人（いずれもコルカタ市当局の推計による）。

ぼくは、とにかく、現状のすさまじさに、完全にカルチャー・ショックにおちいってしまった。人口爆発の原点コルカタをひとつルポしよう、という程度の安易な気持ちでこの街にきたぼくは、精神的苦痛で下痢がつづいた。人口問題に取り組む以前に、自分にはすべきことがあったのではないかと絶望的になった。食欲も取材する意欲もうすれ、安ホテルでの数日間は何度も、もう日本に帰ろうと思った。

ぼくは、そんなある日、チョーリンギ大通りの路上の古本屋で一冊の本を発見した。イギリスBBC放送のドキュメンタリスト、マルコム・マゲッリッジが、マザー・テレサの活動を紹介した『Something Beautiful for God（すばらしいことを神さまのために）』である。

この本のなにがぼくを魅きつけたのか、いまは思いだせないが、ぼくは自分がなんのためらいもなく手にとったことはおぼえている。ぼくは、この本に出会ったことで、マザー・テレサという偉大な存在に出会うことができたのだ。

飢餓、疾病、極貧、救いようもなく悲惨にみえるコルカタにも、一条のたしかな光がさしていることをぼくは知った。マザー・テレサとシスターたち、〈神の愛の宣教者たち〉は、貧しい人びととおなじ生活をし、見捨てられた人びととまったく一体化して生きている。

天国の神の福音を説くことに精力をつかって、ともすれば現実と遊離しているキリスト教は、しょせんそういうものだと、なんの疑問ももたなかったぼくには、マザー・テレサたち〈神の愛の宣教者たち〉の身の処しようは、ことばの本来の意味でラジカル（根本的な）に思えた。比喩的にいえば、天国へ天国へと上昇することをキリストのもとにいたることだとする〝常識的〟宗教と、貧しい人びとのなかへ、さらに貧しい人のなかへと無限に下降し、貧しき人びとのなかにキリストそのものをみよう、下降することによって、みずからがキリストと一体化しようとするマザー・テレサたちの活動と、そのふたつのベクトルは真反対だ。

究極、貧しい人のなかのもっとも貧しい人こそキリスト、という信念は、マザー・テレサたちをラジカルにし、彼女たちはラジカルでありつづけることにおいて、生活の質素さとは逆にその精神は剛毅であり、きわめて楽天的でありつづけているのではないか。

ぼくは、マザー・テレサの〈死を待つ人の家〉をたずねた。

〈死を待つ人の家〉に車をつけたぼくは、入り口に立ってまずびっくりしてしまった。看板にDying（死）という文字が、堂々と書かれているではないか。飢えや病で倒れ、路上で行き倒れている人たちをはこびこむ施設なのだ、日本的感覚でいえば〈希望の家〉とか〈蘇生の家〉とか名づけるところなのに。

ぼくは、施設のなかに入り、ほとんど、飢えとそのうえ結核におかされ、死寸前の骨と皮だけにやせ衰えた人びとが数十人、ベッドに横たわっているのをみた。

そのベッドのまわりを、笑顔のシスターたちが、食事や薬の調合、あるいは病人たちの話し相手にといそがしく立ち働いているのをみた。

スープものどをとおらない老人の手をしっかりとにぎり、目と目で会話をかわしているいってみれば大スクープだ。しかし、とぼくは考えた。ぼくは、この〈家〉で、恵まれた生活とひきかえにぼくたちが捨て去ったものがなんであるかを発見したのだ。その発見と感動を原点にして、マザー・テレサを撮りつづけ、マザーとその姉妹たちの活動の内面に、原点に、カメラをとおして深くより深くせまっていくことこそ、ぼくのこれからの人生のテーマなのではないか。

ぼくは、すぐにもマザー・テレサに会いたいと願ったがそれは果たせなかった。ぼくはマザー・テレサを追うというテーマを発見したことを、今度の旅の収穫として、つぎの本格的な取り組みの準備をするために、ひとまず東京に帰ることにした。

翌一九七五年、ぼくはふたたびコルカタにやってきた。

ぼくは〈死を待つ人の家〉をたずね、担当シスターを介して、マザー・テレサに面会したいと申し入れた。

二日後、シスターから連絡があった。マザーがぼくと会うというのだ。ぼくは地図をたよりに、マザーの修道会〈神の愛の宣教者たち〉、通称マザーハウスにむかった。

修道院といえば、だいたい人里離れた丘の上などにあるのがふつうなのに、マザーハウスがスラムのすぐそばにあることに、ぼくはおどろいた。また、建物が質素でカテドラルといったイメージではないのにも、びっくりした。

マザーハウスの入り口の門は小さく、粗末なものだった。呼び鈴がわりの鎖を引くとカンカンと乾いた音がして、ひとりのシスターがでてきた。ぼくは、シスターの案内でなかに入った。応接間に入ると、シスターは扇風機のスイッチをいれる。

「扇風機がないと暑くてたまりませんね。」

ぼくのことばに、シスターは口に手をあて、おかしそうに笑った。

「扇風機があるのは、外部のかたがいらっしゃるこの部屋だけで、わたしたちの部屋にはありませんのよ。だって貧しい人は、そんなぜいたくなものは持ってませんもの。」

もう一度クスッと笑うと、そのシスターはでていった。しまった、ぼくは、マザーたちが貧しい人たちといっしょの生活をしながら活動しているのだということをすっかり忘れてしまっていた。ダメだぞ、こんなことでは。

顔の深いシワに笑みをたたえた小柄な老婆、マザー・テレサがぼくのまえにすわった。

ぼくは、日本から持ってきた白柳東京大司教にいただいた紹介状を、マザーに手わたした。紹介状に読み入っているマザーの顔をみているだけで、ぼくは心臓の鼓動が速くなってくるのを感じた。マザーが読み終わるのを待ちかねて、ぼくはせきこみながら、ぼくの気持ちを訴えた。

「去年、わたしは〈死を待つ人の家〉をみせていただき、とても感動しました。あなたたのヒューマニズムをわたしは写真に記録して、日本の人びとに知らせたいのです。ぜひ、写真を撮らせてください。」

ぼくが、下手な英語でつかえつかえ、要点だけをしゃべるのをきいていたマザー・テレサは、ゆっくりとぼくの顔をみつめると、小さな声で答えてくれた。

「あなたが考えているヒューマニズムが、どんなものだか、わたしにはわかりませんが、わたしはソーシャル・ワーカーでもなければ、慈善事業家でもないのですよ。わたしはキリストのためにやっているだけですから。」

ぼくはほんとうに心からマザーの活動に感動していたし、それをつたえればマザーにもよろこんでもらえると思っていたから、マザーの冷静さにはとまどってしまった。

マザーは口もとに笑みをうかべながら、ことばをつづけた。

「わたしがもし、社会福祉や慈善のために活動するのだったら、しあわせだった家も捨てなかったでしょうし、両親とも別れなかったでしょう。わたしは神にささげた身ですから、いまわたしがしていることはヒューマニズムでもなんでもないんですよ。ごく当たりまえのことなんですよ。」

修道女とはこういうものだろうと、ぼくは一応の心づもりはしていたのだが、やさしそうなマザーの口からそういわれると、なんといっていいのか困ってしまった。しかし、黙ったままじっとマザーの瞳をみつづけているぼくの心が通じたのか、マザーは、別れぎわに、

「とにかく明朝四時においでなさい。朝のはじまりから写真を撮りはじめればいいでしょう。」

といってくれた。よかった、これでいい写真が撮れると、ぼくは思わずニコッとした。ぼ

くの心の底をみすかしたように、マザーがいった。

「ただし、わたしを英雄視するのならやめてくださいよ。わたしの伝記をつくろうなんてするのなら、おことわりします。」

ぼくはいった。

「よくわかりました。ぼくも、マザー・テレサひとりだけを英雄視するつもりはありません。ぼくは、いまマザーとともに働いている大勢のシスターたちを、かつてのあなただと思って写真を撮らせていただきます。ぜひご協力ください、お願いします。」

「そうですか。はい、じゃ、あなたのパスポートをつくりましょう。ノートをお持ち？」

マザーは、顔をほころばせ、少女のようないたずらっぽい目つきで、ぼくにいった。ぼくは取材用のノートとボールペンを、バッグからとりだした。

ファインダー越しに追うだけだったぼくの失敗

マザーは、サインしはじめた。

"Please allow him to take photos, M. Teresa"（彼に写真を撮らせてあげてください。マザー・テレサ）

マザーはノートをぼくにかえした。

「はい、パスポートできあがり。これがあればわたしたちの施設はどこでも入れますよ。」

午前三時半。外はまだ真っ暗だ。

ぼくは、仮眠しているタクシーの運転手をたたき起こし、機材を積み、マザーハウスにむかう。ヘッドライトにうかぶ道ばたに眠っている人びとの群れは、まるで死体のように思える。

約束の午前四時に、マザーハウスに着いた。闇のなかに聖堂からもれる光だけが、ぼくにとっての未知の世界を象徴するかのように天にむかってひろがっている。ぼくは呼び鈴がわりの鐘をならし、聖堂にいれてもらう。

縦三十メートル、横十五メートル、長細い聖堂の床にはマットがしいてある。マザー・

テレサは祭壇正面にむかった列の最後尾にひざまずいている。祈りと黙想の場、聖堂では、シスターたちがそれぞれ思い思いに自由な姿勢ですわり、神との出会いのときをすごしている。

ぼくは、シャッターをきった。カシャッという音が、聖堂中にこだまするように、ぼくには思えた。シスターたちの黙想を乱すのではないか、と恐縮の気持ちが強くぼくをとらえたが、しかし撮らなければならない。ぼくは何度も何度もシャッターを押した。

ひざまずいて敬虔な祈りをささげる、マザーとその姉妹たちの肩に、昇りはじめた朝の太陽の光がさしている。ぼくには、その光景がマザーハウスのすばらしさを象徴しているように思えた。

ぼくの〝ライフ・ワーク〟も、そのすばらしい光と、すばらしい人間たちを記録するところからスタートしたのだった。

ぼくは、マザー・テレサとその姉妹たちに出会ったことで、あらためて、三十年前に報道写真家を志したときの初心にもどったような気がした。

まだ学生のころから、ぼくは暇があると図書館にかよい『ライフ』をはじめアメリカの雑誌を読みふけっていた。そこに発表されているフォト・ストーリーやフォト・エッセイに、ぼくは魅了され、写真こそは国際的言語だと思うようになった。ぼくも、人の心をうつようなドキュメンタリー・フォトの撮れる報道写真家になろうと決心した。

それからのぼくは、引き揚げ船が入港するときけば舞鶴にとび、還ってきた人とむかえる人の再会のドラマに感動し、南米への移民船が出航する神戸では、発つ者と送る者とを結ぶテープが切れる瞬間をファインダーから追った。あるいは、大阪の釜ケ崎に住みつき、そこで暮らしている人たちの交歓する姿をフィルムに焼き付けたこともある。

人間と人間が織りなす人生ドラマには、どんな名優の演技でも表現できない〝決定的瞬間〟がかならずある。だから、人生経験の不足していた若い日のぼくでも、まずまずヒューマンな写真を撮ることができた。

マザー・テレサの活動に感動した瞬間、ぼくのからだと精神は、三十年前の若さと血のたぎりをよみがえらせてくれたのだ。

それだけにぼくは、マザー・テレサとその姉妹の活動をファインダー越しに追いはじめシャッターを押しつづけたので、冷静さを欠き、貧しい人たちの悲惨さをこれでもかこれでもかと意気ごんで撮っていたように思える。

ぼくは、陰惨で、みる者が思わず目をそむけたくなるようなカットに異常に執着しすぎていたのだ。

たとえばこういうことがあった。ぼくが、いまにも息をひきとりそうな瀕死の病人にカメラをむけたとき、ベッドに横たわったまま身じろぎもできなかった病人が、レンズからのがれようとするように、必死で顔をそむけようとした。その姿は凄絶ですらあった。ぼくは、人間には死の寸前まで羞恥心があるということがよくわかった。が、それにもかかわらず、当時のぼくは〈死を待つ人の家〉を映像で表現するために、いわば自分の良心を殺してまで、そむけた顔がもとにもどるところにシャッターチャンスをおいて、じっと待ちつづけたのだった。ぼくは、そんな写真を撮れば世間から非難されるかもしれない、と思った。しかし、報道写真家としては、このドラマチックな写真はどうしても必要だと思ったのだ。結局ぼくは、この病人の写真を撮ることは撮った、強引に。

ぼくは内心、これで強烈にマザーの活動をアピールする〝決定的瞬間〟をとらえることができた、と自信満々だった。ぼくは、日本に帰り、マザーの活動を撮った写真をならべてみた。結果は？　ぼくの自信はこっぱみじんにくだかれてしまった。ぼくが、悲壮感を土台に撮った写真は、何枚ならべてみても、マザー・テレサの全体像をすこしも表現してはいなかったのだ。

ぼくは、あきらかにまちがっていたのだ。ぼくが会ったマザー・テレサは、明るくて強くてラジカルで、だけどやさしく、不退転の意志と自分の進んでいる方向に絶対の確信をもった女性である。およそ悲壮感とは対極にある人である。それをぼくは、まったく逆にとらえ、しかも自分は正しいのだと傲慢にもきめこんでいたのだ。

なぜ、ぼくはこんな大まちがいをおかしたのか。ぼくは、自分自身を反省し、また同時にマザー・テレサの活動をもっともっと理解し、マザーという人間像にせまるために、マザーの活動について書いた本をくりかえしくりかえし読んでは、コルカタにとんでマザーとその姉妹の活動をカメラにおさめつづけた。

しかし、マザーにのめりこむということは、ぼくにとっては現実生活を崩壊の危機に追いこむということを意味する。ぼくがあまりにもひんぱんにインドにいくので、得意先からも「じゃ仕事は無理ですね。」と仕事をまわしてもらえなくなるケースが、当然多くなっていく。だがこれは報道写真家の宿命だ。自分はマザー・テレサ以外のことは考えないようにしよう、一点に集中しようと厳しく自分にいいきかせた。

ぼくは、愛車も家も手ばなし、そうして得た金のごく一部を妻にわたしたほかは、すべてインド行きの取材費にあてたのだった。辛いと思ったことはないといったらウソになる。辛いことは辛かった。しかし、とぼくは自分にいいきかせた。おまえの苦労など、マザー・テレサのそれにくらべれば物の数ではないのだぞ、と。

ときがたつにつれ、ぼくと、マザーやその姉妹たちとの関係は、親密で濃厚なものになっていった。突然、マザーハウスを訪ねてもシスターたちは気軽に声をかけてくれたし、撮影に適した珍しい催しを教えてくれたりもした。〈聖なる孤児の家〉を訪ねると、シスターや子どもたちはぼくを「アンクル（おじさん）。」とよんでくれる。ぼくがマザーハウスの〝親戚〟だと認めてくれたのだ。

ぼくが、マザー・テレサのすばらしさを、やっと写真にとらえることができるようになったのは、マザーがノーベル賞を受賞する三年前あたりからだったのだ。

ちょうどそのころ、母が脳軟化症で死んだ。おどろいたことに、母は五年前から、敬虔なカトリック信者になっていた。もともと仏教徒であった母が、カトリック信者に改宗したのはなぜか。もはや知るすべもないが、母はぼくがマザー・テレサを撮りつづけていることを知っていて、ぼくの仕事がうまくいくように神にお祈りしてくれていたという。ぼくはクリスチャンではないけれども、この母の行為は重く胸にこたえたのだった。

いつごろからか、ぼくの内部では、ぼくが撮りつづけているマザー・テレサと、亡き母のイメージがしばしばオーバーラップするようになっていた。ぼくは、マザー・テレサを、母をよぶのとおなじ感じで「マザー、マザー。」とよびかけるようになっていたし、マザーもぼくをそれまでより以上にかわいがってくれるように、ぼくには思えた。いい写真が撮れるようになった。

「ほら、マザー。こんないい写真が撮れましたよ。」

「どれ、よく撮れているね、オキ。」

「いまごろから上手になっても遅いかな。」

「いや、そんなことはないですよ。わたしは、技術的なことはわからないけど、いい写真が撮れるかどうかは機械じゃないって気がするのよ。自分の仕事を誇ったり自慢する心があったらダメですね、仕事は神がさせてくれてるのだから。」

「そう、マザーのいうとおりかもしれないね。」

マザーの一言一言はぼくの心にしみ、母と話しているような気にさえなった。

世界中がわきたったノーベル平和賞受賞

しかし、いぜんとして日本では、ぼくの写真はほとんど認められなかった。「宗教色が強すぎる。」「インドねえ。」と、発表の機会はあたえられなかった。ぼくはかなり楽天家なのだが、心は沈みこんでいくばかりだった。もしかしたら、自分はまちがっていたのではないか、という疑問にもとらわれた。自己嫌悪と自信喪失、もう写真家はやめようかとさえ思った。そんなある日、ぼくは当時小学校六年生だった長男の日記を偶然みてしまった。息子はこう書いていた。

「ぼくは大きくなったら、月給をきちんともらえるサラリーマンになりたい……。」

ぼくは、あらためて、子どもがどんなに不安をいだいて毎日をすごしているかを思い知った。

正直にいって、マザーの〈死を待つ人の家〉をみたとき、ぼくは、これは特ダネだ、くいついて撮りつづけていけばモノになるぞと、功名心にかられていた。一種の現世欲から、この仕事ははじまったのだ。しかし、マザーと接する機会がふえればふえるほど、そんなみにくい欲望は消えていき、「インドにはこんなすばらしい人がいる。」と純粋な気持ちでいえるようになっていただけに、息子が日記に書いていた一行は、すさまじい心の痛手だった。

カトリック系の出版社である女子パウロ会から、写真集『マザー・テレサと姉妹たち』を出さないか、という話があったのはそんなときだった。ありがたい話だった。

この写真集は、ぼくが生きていく上でひとつの大きなステップになった。写真集の出版とともに、日本各地の見知らぬ人から手紙や電話をいただいたことも、失意のぼくを立ちなおらせてくれた。だが、生活は依然としてピンチの連続である。ぼくは、苦しみからのがれるために、毎晩のように酒を飲みに外にでていた。飲み代だけはどうにか工面したのだろう。ほとんど毎夜、帰宅は〝午前様〟である。

だがその日だけは、なぜか無性に家に帰りたくなり、いきつけの飲み屋にもよらずに出先から自宅に直行した。その日とは一九七九年十月十七日、じつにノーベル平和賞発表の日であった。

家につくと、妻があわてたようすで玄関にでてきた。

「たいへんよ、共同通信から電話があって、あなたを探していたわ。」

「共同通信？」

ぼくは、今年のノーベル平和賞は政治家ではなく、もしかするとマザー・テレサが受賞するのではないか、と漠然とだが予想していたから、これは、ぼくの予想が現実になったなとピンときたのだった。予感はあたっていた。夜十時五分、共同通信社からふたたび電話があり、マザー・テレサにノーベル平和賞が授与されたと教えてくれた。

ぼくは、とっておきのブランディの封を切り、胸のなかで「マザー、おめでとう。」とひとりで乾杯をした。もしこの受賞が、ぼくがマザーを撮りはじめたころだったら、これでオレも有名になれるとか、一発あてたぞなどと思ったかもしれない。が、いまはちがう。いま、ぼくは、自分のライフワークであるマザー・テレサとその姉妹たちの活動の軌跡を世間に発表することができることを、素直によろこぶばかりだ。

酔いがここちよくからだをまわってきた。

ぼくは、以前、日本にきてくれるようにマザーにたのんだ日のことを思いだしている。

「マザーあなたの息子の国にきてくださいよ。」

「ジャパン？　でも、わたしの会のブランチ（支部）がないからね。」

「ブランチがなくても、みんなあなたがきてくれるのを待っているんですよ。」

ぼくの突然の申し出に、マザーは困惑していたっけ。

「でも、マニラ、アフリカ、メルボルンと、わたしは〈神の愛の宣教者たち〉のシスターが働いているのに、まだ顔をみせていないところがたくさんあるのよ。わたしは、そういうところに一日も早くでかけていって、シスターたちを激励してあげたいのよ。日本にいくのはそのあとになるわね。」

でも、ぼくはひきさがらなかった。しつこくくいさがる。

「ねえ、マザー、きてくださいよ。」

「日本はとても繁栄しているでしょ。貧しい人のいないところは、いってもしようがないじゃないの。」

「いや、日本にも、いつもマザーが口癖のようにいわれている、繁栄のなかの貧困がありますよ。老人の孤独な死とか……。」

「それじゃあオキ、あなたたちがまず、そういう貧しい人たちを愛することですね。自分の身のまわりでできることはないか、よく考えてみるんですね。」

あのとき、マザーのまなざしはあいかわらずやさしかったけれども、ことばの調子は痛烈だった。

ぼくは、コルカタのマザーに、もう一度日本にきてくれないかとたのんでみよう。

ぼくは、コルカタの友人に電話をいれる。インドとの時差は三時間半。だからいま、むこうは午後七時をすこしまわったところだ。

「マザーがノーベル平和賞を受賞したことはもうきいたかい？　あずけておいたぼくの写真集を持ってお祝いにいってくれないか！」

「え！　ノーベル平和賞！　ほんとかい！　よし、すぐいってくるよ！」

受話器の向こうの声もはずんでいる。

「ちょっと待った！　それでね、以前相談した日本訪問のことを実行してくれるように、たのんでくれないか！」

「OK！　日本の息子のたのみだから、マザーもイヤとはいわないだろう。」

ぼくは電話を終わると、また、祝杯をあげる。マザーとの五年間の想い出がつぎつぎとうかんでくる。時計をみる。午前五時。コトコトと新聞配達の足音がきこえる。窓の外は白みはじめている。バサッ、新聞が投げいれられた音がする。ぼくは玄関にいき、新聞をとりあげる。

「マザー・テレサ、ノーベル平和賞受賞」という活字が目にとびこんでくる。

ひと眠りするまもなく、親戚、新聞、週刊誌、月刊誌の順に電話がなりはじめ、昨日まではぼくの仕事にまったく無関心だったマスコミが三十数社、マザー・テレサの写真を求めてやってくる。ぼくは、マザー・テレサにようやく日本でも脚光があたったことが、それだけがひたすらうれしい。

午前十一時。インドから国際電話。マザーのところにいってもらった友人からだ。

「あれからすぐいったらね、まだ、マザーは受賞のことを知らなかったんだ。そこへ通知が届いてね、三十分後にはマザーハウスには、インド中のマスコミがワーッとおしかけてきて、そりゃあすごい騒ぎだったよ。」

「で、日本にきてほしいというぼくのたのみ、伝えてくれたかい。」

「あ、そうだ。よろこべ、オキ。マザーが、来年の一月一日から十五日のあいだに日本にいくってさ！」

「ほんとうか、おい！」

ぼくは思わず受話器をにぎりなおし、問いかえした。

「それでね、オキ、マザーの伝言だ、その打ち合わせをしたいから、つごうがつくならこちらへきてほしいというんだが、こられるかい。」

「もちろんだ！　あらためてお祝いもしたいしね。」

受話器をたたきつけるようにおくと、ガッツ・ポーズ。マザーが日本にくる！　ぼくの願いをマザーが受けいれてくれた！

でもいつか、かならず日本へいかせてもらいますよ

数日後、ぼくはあらためてマザーハウスに連絡して、マザー・テレサ来日のスケジュールを確認しようとしたが、受賞後の混乱でどうしてもマザーと連絡がとれない。

しばらくたって、やっと連絡はついたが、クリスマスをすぎてみないと先の予定がたたなくなったという。そこでクリスマスのあと、連絡してみると、平和賞受賞後、連日のように世界中のマスコミはじめ、お祝いの訪問者が殺到したため、その応対に忙殺されて、マザーがひどく体調をこわしている、ときかされた。それはいけない。それでなくとも日

本はいま真冬である。マザーが風邪でもひいたらたいへんなことになる。いろいろ検討してみたが、マザーの一月来日はあきらめるしかなかった。

しかし、マザーのようすも気になるし、受賞のお祝いも申しあげたい。一九八〇年一月十日、とにかく、ぼくはコルカタにいってみることにした。

現地につくとさっそく、面会のアポイントメントをとりつけるために、マザーハウスにむかった。顔なじみのシスターが、ぼくをみてとびあがらんばかりによろこぶ。

「よくきてくれたわね、オキ。」

「マザーの受賞、おめでとう。」

「ありがとう。でもねえ、マザーは、たくさんの訪問者にてんてこまいで、ちっとも仕事ができなくて困っているわよ。からだが心配だわ。」

来日は無理かな？　ぼくは気落ちしたが、とにかく会ってみたい、会わなければと思い、

「じゃお会いできないかな。今日は無理でも、あらためてお会いできる約束をしてもらえ

るといいなあ。」と、シスターにたのんだ。

「マザーの日程がわからないから……いいわ、マザーがいまいらっしゃるから、きいてみてあげる。オキのことだからなんとかなると思うけど。待っててね。」

二十分も待っただろうか、応接間のドアがあいた。「どうだった？」と腰をうかしたぼくは、びっくりした。入ってきたのは今日は会えないと思っていたマザー本人ではないか。

「マザー！」

「オキ！」

一年ぶりに会うマザーは、思ったより元気で、両ほおに深くきざみこまれたシワをほころばせ、よしよしというようにうなずきながら、笑顔でぼくをむかえてくれた。

「マザー、ノーベル賞おめでとう。」

「ありがとう、オキ。電報ありがとう。」

マザーは、ぼくのさしだした右手を、両手でつつみこむようににぎりしめた。マザーの手のぬくもりがつたわってくる。この手が、ぬくもりが、数えきれないほど多くの貧しいぎりかえした。

人を助け孤独な人を勇気づけてきたのだ。ぼくは、力をこめてマザーの手をしっかりとに

しばらくは、近況報告だ。それが一段落ついたところで、マザーがいう。

「ところでオキ、せっかく招待してくれたけれども、日本にいくのはどうやら無理のようね。」

「え？」

「ごめんなさい、オキ。受賞のあと、あまりにも多勢の人がたずねてきてくれたので、からだをこわしてしまったのよ。」

マザーの顔は悲しそうだった。マザーは、白いサリーでつつまれたからだ全体で、ぼくにわびをいっている。

「そうですか。……残念です。マザーがきてくれるときいて、ぼくはもう、うれしくてうれしくてたまらなかったんだけど……そうですか、……残念だなあ。」

がっかりするぼくに、マザーはすまなそうな顔でいう。

「でもいつか、かならず日本へいかせてもらいますよ。どんな国にも貧しい人はいますか

らね。見捨てられた人たちも……。」

ぼくもいった。

「ありがとう、マザー。今回はあきらめます。でも、約束してください、かならず日本にきてくださると。」

「きっと、ね。」

ぼくは、なにげなくいった。

「マザー、日本にきていただけなくなったかわりに、平和賞のメダルをつけた写真を記念に撮らせてくださいよ。」

一瞬、マザーの顔がキッとした。が、すぐいつものやさしい顔になり、静かな、だが、きっぱりした口調でいう。

「受賞はね、もう過去のこと。メダルはしまってあるからここにはないの。オキ、わたしはね、ノーベル平和賞をもらうために、この活動をしているわけじゃないのよ。名誉とか勲章とか、わたしにはそんなに意味のあるものとは思えないのよ。あなたは、わかってくれているでしょうけれどね。」

重いことばが、ぼくの胸にズシリとつきささる。ぼくならば、あまえてもいいという、許されるという思いあがり、それはマザーがもっともきらい、峻拒してきたものなのに、ぼくはまたなんと恥ずかしいことを口ばしってしまったのだろう。

五年前、はじめてマザーに会ったとき、「あなたのヒューマニズムに感動した。」といって、「わたしはソーシャル・ワーカーではない。」とピシャリといわれたが、あのときよりももっと恥ずかしい。あれから五年、ぼくは、マザー・テレサを追いつづけ、マザーの人間性、信念、生きかたを自分のそれにしたいと願い、いくらかはそうなったと思っていたのに。いったいぼくは、マザーからなにを学んできたのだ。

「ごめんなさい、マザー。ぼくは思いあがっていた。なんにもわかっていないのに。」

「いいのよ、オキ、元気をだして。ほら、わたしの写真を撮って。」

いまにも泣きだしそうなぼくを、マザーはいたずらっ子のような、はずんだ口調で元気づけてくれる。

「豊かな日本」への疑問

しかしその後、一九八一年、一九八二年、一九八四年と、マザーは三回の来日を実現させ、とても七十歳をこえたとは思えぬほど精力的に、いくつかの講演会や会合にのぞんだ。

過密なスケジュールの合間をぬって、マザーは路上生活者の多い東京の山谷地区を訪れた。

「あなたの国にも、心の飢えをもっている人がたくさんいるでしょう。」と、かつてマザーがぼくに語ったとおり、それはマザーが来日にあたって、もっとも大切な任務と決めてきたことだったのだろう。

路上で寝ていても、だれかに声をかけられることもない人たち。うずくまっていても、そこに存在しないかのように見すごされてしまう人たち。山谷の路上で、病気や貧困以上の「いちばんひどい病気」に苦しむ人びとを目のあたりにしたマザーは、「豊かな」日本人に訴えた。

「日本人はインドのことよりも、この日本に住む貧しい人びとや孤独な人びとのことを、まず考えるべきです。愛は身近なところからはじまるのです。」と。

　このマザーの信念は、いまもシスターたちの精神に受けつがれている。世界各国から訪れるボランティアたちは、数日間、あるいは数か月にわたって各自の役割をつとめたあと、帰国前にシスターから、「こんどは、あなたの国のコルカタをみつける目と心をもってください。」という言葉を受け取るのだ。

　マザーには、ノーベル平和賞受賞インタビューでの有名なエピソードがある。

「世界平和のために、わたしたちはどんなことをしたらいいですか？」と記者にたずねられ、ひとこと、こう答えたという。

「いますぐ家に帰って、家族を大切にしてください。」

平和は、愛は、まずわたしたちのまわりからはじまる、いや、はじめなければならないのだ。

(76)

(76)「わたしのお墓はこのマザーハウスに」と、マザーは遺言をのこした。大理石の墓碑には、生没年（1910年８月26日—1997年９月５日)、そして“わたしがあなたがたを愛したように、あなたがたもおたがいに愛しあいなさい”という「ヨハネによる福音」からの一節が、きざまれている。

⑰マザーは、子どもたちに家族の愛を、そして幸せな将来をと、いつも願っていた。

⑱

⑱マザーとシスターたちは貧しい人びとの中にキリストの存在を見出す。

エピローグ

〈死を待つ人の家〉を取材しているとき、ひとりのシスターが、ぼくにいった。

「オキ、あなたもカメラをおいて、わたしたちの活動を手つだったら。」

たぶん、彼女は一種のジョークとしていったのだろうが、たまたまその場にいたマザー・テレサは、それをジョークとしてはききながさなかった。マザーは、そのシスターに、たしなめるようにいいきかせた。

「オキの仕事は、わたしたちのために、写真を撮って世界中にこうした恵まれない人びとがいるということをひろめてくれることなのよ。それもりっぱな愛の仕事なのよ。」

ぼくは、ぼくの仕事が、マザーのいうように「りっぱな愛の仕事」になりえているかどうか疑問であるが、写真家としていえば、マザー・テレサとその姉妹たちのような対象と出会うことができて最高だったと思う。

　写真や文章をとおして、マザー・テレサとその姉妹たちの活動、その活動の拠って立つ原点をすこしでも多くの人びとに知ってもらうこと、いわば〝マザー・テレサの精神〟の〝PR係〟をつとめること、それがぼくの〝ライフワーク〟なのだ。ぼくは、マザーと出会い、その人柄にふれることによって、いろいろな意味で、自分の心がいかに貧しいものであったかを、身をもって悟ったような気がする。

「プア・イズ・ビューティフル」ということばこそ、報道写真家としてのぼくが拠って立つ原点なのだと確信している。ハングリーでなければいい仕事はできないのだ。ハングリーであることはすばらしい。ぼくだって、現実と妥協しその流れに身をまかせてしまえば、まあ、それ相応の豊かさというか、安定した生活をおくることはできる。でも、そうなってしまった瞬間、ぼくは写真家としての生命をうしなってしまうことになるだろう。苦しい現実に正対して、なお自分の意志をつらぬいていくという情熱がなければ、ひとつの仕事に徹底的に打ちこむといった姿勢もとりえないだろう。

ぼくは、マザー・テレサと出会うことによって、「ハングリー」こそが自分の原点なのだという信念をもった。マザーは、ぼくをこの立場に立てるようみちびいてくれたのだ。

マザー・テレサに出会った幸運を、ぼくは、いつまでも忘れることはないだろう。「プア・イズ・ビューティフル」ということばとともに。

＊著者紹介
沖 守弘（おき もりひろ）
1929年、京都府生まれ。日本写真家協会会員・二科会会員。近畿大学卒業。1974年以来、マザー・テレサの活動を密着取材し、日本に初めてマザー・テレサを紹介した。2004年、スペイン・バルセロナにあるサグラダ・ファミリア教会で大型写真展を2か月にわたり開催、世界各地からやってきた人びとに「愛」と「平和」を唱えたマザーのメッセージを伝えた。現在も国内外の各地で開かれる写真展や講演会は、来場者の大きな反響を呼んでいる。2010年秋からは、マザーの生誕100年を記念し、ミラノ、アッシジ、ローマの各地で写真展を巡回予定。また、これまでインド各地を100回以上訪れ、ヒンドゥーの伝統行事・芸能・文化全般を紹介している。著書に『マザー・テレサ　かぎりない愛の奉仕』（くもん出版）、『知られざるインド』（清流出版）、『原始仏教美術図典』（雄山閣）、写真集に『マザー・テレサ愛はかぎりなく』（小学館）、『インド・祭り』（学研）、『インド・大地の民俗画』（未来社）など。

講談社 青い鳥文庫

マザー・テレサ　あふれる愛

沖 守弘

2010年７月15日　第１刷発行
2024年８月23日　第11刷発行

（定価はカバーに表示してあります。）

発行者　森田浩章

発行所　株式会社講談社
　　　　東京都文京区音羽2-12-21　郵便番号112-8001
　　　　電話　編集（03）5395-3535
　　　　　　　販売（03）5395-3625
　　　　　　　業務（03）5395-3615

N.D.C.913　238p　18cm

装　丁　久住和代
印　刷　TOPPANクロレ株式会社
製　本　TOPPANクロレ株式会社
本文データ制作　講談社デジタル製作

KODANSHA

ISBN978-4-06-285161-9

#「講談社 青い鳥文庫」刊行のことば

太陽と水と土のめぐみをうけて、葉をしげらせ、花をさかせ、実をむすんでいる森。小鳥や、けものや、こん虫たちが、春・夏・秋・冬の生活のリズムに合わせてくらしている森。森には、かぎりない自然の力と、いのちのかがやきがあります。

本の世界も森と同じです。そこには、人間の理想や知恵、夢や楽しさがいっぱいつまっています。

本の森をおとずれると、チルチルとミチルが「青い鳥」を追い求めた旅で、さまざまな体験を得たように、みなさんも思いがけないすばらしい世界にめぐりあえて、心をゆたかにするにちがいありません。

「講談社 青い鳥文庫」は、七十年の歴史を持つ講談社が、一人でも多くの人のために、すぐれた作品をよりすぐり、安い定価でおおくりする本の森です。その一さつ一さつが、みなさんにとって、青い鳥であることをいのって出版していきます。この森が美しいみどりの葉をしげらせ、あざやかな花を開き、明日をになうみなさんの心のふるさととして、大きく育つよう、応援を願っています。

昭和五十五年十一月

講談社